U0078672

王照 編著

把人看到骨子裡

You must know
these ways to live in society

全集

教你不再上當受騙的防詐守則

莎士比亞曾經寫道：
一個人可以儘管滿臉都是笑，
骨子裡卻是殺人的奸賊。

的確，
在這個「**詐者生存**」的時代裡，
有些人為了達到自己的目的，
往往會在臉上戴著菩薩的面具，
但心裡卻盤算著幹出魔鬼的勾當。

社會上的詭計到處都是，
利用人性弱點所設下的陷阱和騙術，更是五花八門；
很多時候，表面上對你越客氣、越有禮貌的人，
在骨子裡越可能暗藏著算計你的卑鄙行徑。

出 版 序　　　　　　　　　　　● 王 照

你必須知道的讀心術

想要瞬間讀懂人心，其實並不困難。
即便是初次相見的陌生人，
你都可以憑第一印象抓出對方的目的與
可能隱藏的個性、心思。

心理學家皮爾斯・斯蒂爾曾說：「人世充滿了虛偽和恭維，以致人們的言詞，幾乎不能代表它們的想法。」

正因為如此，我們更要運用身體語言的概念，藉此洞悉別人內心深處隱藏著的心思，把人看到骨子裡，提防自己在人性叢林中受騙上當。

一個人不管如何遮掩，內心深處最真實的一面，一定會透過表情、情緒反應、肢體動作和特殊偏好顯現出來，想在這個爾虞我詐的社會行走，就必須具備讀人讀心的重要本領。透過細膩的觀察，我們就可以迅速研判出對方心裡正在想什麼，是不是口是心非或言不由衷；提高自己的觀察與判斷能力，在人際關係中就可以無往不利。

心理學家愛德華・赫斯博士曾說：「想要看透一個人，不要只會用耳朵去聽他說些什麼，而是必須用眼睛去看他做些什麼。」

這是因為，一個人的真正心思，往往會在做了言不由衷的事情之後暴露出來。想要瞬間看透一個人，就不能光看他表現出來的那面，也不能光聽他說出來的話，而要從細微之處看穿他極力

掩飾的另一面，以及藏在心中沒說出來的真正心思。

　　想要把人看透的秘訣並不困難，重點就在於你是否懂得口是心非的人性。想要知道對方是什麼樣的人，想瞬間讀懂對方的心思，就千萬不能只用耳朵判斷，必須用眼睛仔細觀察他的一舉一動。

　　人與人之間，免不了必須進行溝通、互動。

　　從家庭、學校、職場，甚且社會，一個人的「成長」，說穿了就是透過不斷與他人相處從而逐漸改變、成熟的過程。

　　不妨想想，一天二十四小時之內，可能會碰上哪些人呢？想來數目應該不少！其中必定有已經相互熟識的，但也有可能是完全陌生卻不得不打交道的。無論面對哪一種，你有把握地與他們進行良好的互動，順利完成自己的期望與目的，而不使自身權益受損嗎？

　　回想一下過去的經歷，恐怕絕大多數人的答案都偏向於否定。

　　想要瞬間看穿人心，其實並不困難。即便是初次相見的陌生人，你都可以憑第一印象抓出對方當下的目的與可能隱藏的個性、心思，且屢試不爽。不用懷疑，事實上，這就是「讀心術」的巧妙之處。

　　阿諾德曾說：「透識一個人的最快速方法，就是將他全身剝光，讓他赤裸裸地站在眾人面前，然後再看他做出什麼反應。」

　　因為，如果這個被「剝光」的人，是一個行事光明磊落的君子，沒有什麼不可告人之事，那麼他就不會在眾人面前驚慌失措，如果這個被「剝光」的人，是一個專門幹無恥勾當的小人，那麼當他赤裸裸地站在眾人面前，就會手足失措，深怕自己的馬腳會不小心曝露出來。

　　唯有冷靜觀察對方的肢體語言，對細微變化旁敲側擊，我們才能真正掌握一個人的真實內在。

　　人是最擅長偽裝的動物，現實生活中道貌岸然的小人很多，如果你不想老是受他們宰割，那麼就得放聰明一點，才不會老是受騙上當。

　　我們遭遇的人，可能比我們想像中正直，也可能比想像中陰險，交往之前必須先摸清對方的人格特質與心理需求。從一個人所傳達的肢體語言，我們可以迅速研判出對方是友好的或是狡詐、充滿敵意的；具有這種觀察能力，在人際關係中就可以無往不利。

　　人人都有個性，影響著他們的思想、喜好，進而決定他們表現在外的所有行為，只要不刻意掩飾──其實，就算用盡心機，還是會有小小的「馬腳」露出來，瞞不過真正懂得讀心的聰明人。

　　學會從小地方看人性，你必定可以得到很大的實質收穫，無論面對上司、同事、下屬、客戶、朋友、家人，都將立於不敗之地。為什麼呢？原因很簡單，因為你已經完全把他們的心思掌握在手裡。

出·版·序　你必須知道的讀心術　　　　　　　　　·王　照

Part 1

觀察眼睛，就能把對方摸清

眼睛無法掩蓋人的醜惡。心正，眼睛就能明亮；心不正則昏暗。聽一個人說話時，注意觀察他的眼睛，人的善惡如何能掩藏呢？

Part 2

表情流露一個人的心情

嘴形可以代表活力和愛情。嘴形大的人是活動型的，嘴形小的人擁有安靜的性格。嘴唇厚的人感情豐富，很熱情，嘴唇薄的很冷酷。

Part 3

由手撫摸的位置了解對方的心情

當女性無意識的用手捏耳朵，或者用手托著臉頰的時候，其實，她們是陶醉在自己的語言世界裡了。

Part 4

距離，意味著彼此的關係

不喜歡的人企圖闖入你的範圍，你就會自然而然的向後退。因此，通過和對方的距離，就可以判斷出對方對你的接受程度。

Part 5

如何一眼就看穿騙局

我們是否一直依照自己的思想在行動？是否依自己的主觀做決定？還是因為貪小便宜的心理作祟而跟著別人一窩蜂？

Part 6

太過親密，往往虛情假意

急功近利的人，才會不怎麼理會對方的心情，這樣的人是比較自私的，通常和這樣的人無法成為真正的知心好友。

Part 7

如何聽出別人在想什麼？

巧妙地分析對方談話的口氣、速度、聲調，探究對方的內心正在想些什麼，這是增進人際關係的要點。

Part 8

賣力，有時只是為了掩飾心虛

人是最會故作姿態的動物，發現某個人工作相當賣力，但是卻毫無效率，你就必須深入了解，他的賣力是否只是為了掩飾心虛的演技。

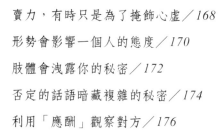

Part 9

細心觀察對方的心理變化

言語本身其實並無關緊要，但是，萬一說出來的
時機不對，隨後就會引起難以收拾的對立局面。

Part 10

如何套出別人的真心話？

想了解初次見面的人言詞是否真實，或是他對交談話
題的關心程度，可以用壓迫性交談的手法，故意與對
方唱反調。

Part 11

觀察，就是最好的識人方法

狡滑的人會將會議內容以及每個人的話一點不差地
呈現給高層，卻不會表明半點自己的看法與觀點。

Part 12

手指發出的訊號最不會說謊

興奮的舉動，在一般的場合下都是通過手來表
達的。揮著拳頭，或者不斷用手指相互摩擦，
無意識當中都表達了自己的意思。

PART 1

観察 **眼睛**，
就能把對方摸清

眼睛無法掩蓋人的醜惡。

心正，眼睛就能明亮；心不正則昏暗。

聽一個人說話時，注意觀察他的眼睛，

人的善惡如何能掩藏呢？

提防在人性叢林受騙上當

 人是世界上最複雜的動物，要想從外表的言行

對一個人獲得真正的了解，是一門艱深的學問。

　　莎士比亞曾經寫道：「一個人可以儘管滿臉都是笑，骨子裡卻是殺人的奸賊。」

　　的確，在這個「詐者生存」的時代裡，有些人為了達到自己的目的，往往會在臉上戴著菩薩的面具，但骨子裡卻幹出魔鬼的勾當。

　　要了解一個人的脾氣和性格，應該從研究別人的情緒反應著手。要測知別人的反應，必須懂得一個察看反應情緒的臉部變化和身體動作——即為行為語言。

　　一個人內心深處的盼望與真實目的，一定會不經意地透過肢體動作表現出來。這是因為人們心裡想說的話，無法直截了當說出來，才會無藉由各種小動作來表達。

　　從一個人的肢體語言傳達，我們可以迅速研判出對方是友好的或是狡詐、充滿敵意的；具有這種觀察能力，在人際關係中就可以無往不利。如果我們平時詳加觀察週遭人物的肢體動作，久而久之就能揣測出他們最真實的心理狀態。

　　注意他的一切姿勢，他的語調的改變，以及他的音調聲色的

改變！注意他四肢的動作，他眼睛的神色，同時注意他的一切表情！

如果你把握住了這些線索，還是看不出對方的全部個性。那麼，還需進一步做些什麼觀察呢？

你要猜度對方的心理，是什麼東西讓他覺得可怕，什麼東西使他憤怒，什麼環境使他覺得很愉快。

其次，是什麼事情會引起他的自得，什麼東西才能吸引他的全部注意力。

只要把上面這些問題試著記熟，照著去觀察對方，必然可以發現和認識得更多。

假如找不到一個實驗的環境，你不妨自己創造一個新的環境，或是提幾個與實驗相關的問題。例如你讚賞他幾句，挑撥他幾句，譏笑他幾句，故意斥責他幾聲，然後觀察他的動作和面部表情如何，他情緒的泉源潛伏在何處。

隨時注意他反應出來的表情和語句，其中含有什麼樣的意向。這樣，你對他自然會有更深刻的認識。

科學的看相，自然是識人察人應當學會的重要本領，尤其在選擇人才的時候，切不可輕視這門學問。你對人認識得越清，就越能保證選到自己需要的真正人才。當然，人是世界上最複雜的動物，要想從外表的言行對一個人獲得真正的了解，是一門艱深的學問，需要在實踐的具體操作中反覆的實驗、學習、總結。

社會上的詭計到處都是，利用人心弱點所設下的陷阱和騙術，更是五花八門；懂得運用身體語言的概念，來洞悉別人內心深處隱藏著的意志和感情，將有助於我們更加了解人性，提防自己在人性叢林中受騙上當。

目光是傳遞心靈訊息的窗戶

在生活中，你會遇到各色各樣的眼睛，而從眼睛裡流露出來的光芒，也會帶著不同的寓意，流入你的眼睛。

　　許多事實證明，目光是女性用來吸引異性的主要的方式。目光是傳遞心靈訊息的窗戶，因此女人通常用這扇窗戶將她們的思想、情緒流露出來。

　　如果一個女人喜歡或愛上了一個男子，她可以在不張口的情況下將自己的心意傳遞給對方。

　　這時，女方所顯示的通常是面帶微笑，用眼睛親切地看著對方的眼睛和胸膛之間的部位，並且延長目光接觸的時間，伴有瞳孔放大與其他細微動作，以此引來異性的注意和欣喜。

　　有的女人善於用眼睛來窺視她們喜歡的男人。窺視時，她們往往側著身體，趁男人未發現之際，將愛慕的目光投射過去，一旦被男人發覺，她們就會立即轉移視線，或低下頭來。

　　說謊時，人的眼睛也會有所顯示，揉眼睛就是最常見的一種掩飾動作。

　　揉眼睛通常是大腦試圖阻止「醜事」進入眼簾而做出的一種無意識的努力，也就是說，當人一看到討厭的東西時，就會揉揉眼睛。

　　有時，當一個人撒謊時也會揉眼睛，或許還會低下腦袋，避

開對方的眼睛。

小孩受到父母的訓斥時，有時會揉揉眼睛，生氣地噘起小嘴巴，並低下腦袋避開父母的目光。

對這一動作，父母或許會更加惱火，聲色俱厲地喝道：「你到底幹了些什麼壞事！」

其實，小孩的動作已經說明他在撒謊或有難言之處，如果父母換一種方式，耐心等待，那麼撒謊的孩子或許會對父母說出真情。

大人也會有類似的動作，只不過大人在撒謊時，通常揉得較為用力，而且如果是撒大謊，常常會把眼睛看往別處，比如天花板窗戶。

女人則在眼下方輕輕地揉，一是為了避免粗魯的動作，二是怕弄壞了化妝，為了怕對方注意，她們的眼睛也會四處張望。

在生活中，你會遇到各色各樣的眼睛，而從眼睛裡流露出來的光芒，也會帶著不同的寓意，流入你的眼睛。

每一雙眼睛都是心靈無言的述說。

我們不妨羅列幾條不同視線所代表的寓意：

• 初次見面的時候，首先將視線朝左右瞄射者，表示他已經佔據優勢。

• 有些人一被別人注視的時候，會忽然將視線移開。這些人一般都懷有自卑感。

• 抬起眼皮仰視對方的人，無疑是懷有尊敬或信賴對方的意思。

• 將視線落下來看著對方，表示他有意向對方顯示自己的威嚴。

• 無法將視線集中在對方身上，很快地收回自己視線的人，大都屬於內向型者。

• 視線朝左右活動得厲害，表示他正展開頻繁的思考活動。

靈魂之窗最不會說謊

眼睛是人體最不會說謊的器官，我們既可以將這種特性應用於日常生活之中，也可以運用在商業領域，增進自身的利益。

　　通常我們都認為自己很了解自己，也頗能洞穿別人，但實際上，我們經常誤解自己，對於別人的認知也僅止於皮毛。

　　這是因為我們不知道如何剖析自己，也不知道透過「靈魂之窗」去觀察一個人，從中得出最正確的結論。

　　國際知名心理學家愛德華・H・赫司博士在全美醫療催眠學會發表演說時，曾提出一個十分有趣的資料。

　　他說：「當一個人看到令人振奮的某種東西時，在潛意識中，瞳孔會自動擴大。」

　　赫司博士並且舉例說明，當男人看到女性的裸體照片時，瞳孔會擴大兩倍以上。

　　了解眼睛是人體最不會說謊的器官之後，我們既可以將這種特性應用於日常生活之中，促進人與人之間的感情，也可以運用在商業領域，增進自身的利益。

　　假如你是一個售貨員，不妨想像一下，你在顧客面前推銷商品的情形：一般顧客的警戒心理都很強，不會輕易地表現出他們的真實心意。此刻，你可以一面介紹商品的功能、特色，一面注

視對方的眼神變化，觀察他們被那種商品所吸引，或者對那種商品較有興趣。

只要能掌握住這一重點，稍加鼓動，成功的機率必然大大提高。

這種技巧同時可以應用在會議上，以及交涉、談判場合上，當你想要採取某一策略，或者想要猜測對方的真實意圖時，都可以經由觀察對方的瞳孔變化，決定採取什麼戰術。

運用這種觀察技巧有時將是定勝負的重要關鍵。

換個角度，會改變彼此的親密度

要讓對方產生信任感的重要關鍵就在第一次的見面，所以，必須小心掌握首次的會面，進入對方的地盤，使他樂於相信你。

人們心理上的親疏關係，也可以用物理學的高度、距離及角度來說明。例如，關係密切的人，往來得較頻繁；坐著講話的人比站著講話的人地位高；面對面講話的人，又不如肩並肩講話的人來得熱絡了。

如果我們能了解座位會明顯表現出人與人之間關係的友好與否，那麼，從這些位置就能洞悉彼此的關係了。

有個年收入超過一千萬的出色推銷員，推銷能力堪稱第一，令人極為佩服！

他曾指出，當業務員到某公司拉保險時，如果直接站在埋頭工作的職員後面，推銷起保險，對方根本不會理睬。

他強調說：「要想讓埋首工作的人轉過頭來與你講話，除非口若懸河，否則根本是白費力氣，無濟於事。必須先設法進入他的心靈地盤！」

他指出，遇到拜訪對象正在工作時，一定要先在他的附近找個椅子，坐在對方的身邊，進入他的身體區域內，如此不但能突破對方的防線，而且也使得對方不得不注意到你，和你交談。

　　而且，坐在椅子上，表示和對方的地位是平等的，當對方轉過頭來，雙方的視線也較容易接觸到。也許，一開始對方會表示不滿，但逐漸地會消除戒心，當他的工作告一段落以後，一定會起身說：「好吧！我們到那邊談談吧！」

　　如此一來，就不難贏得第一回合的勝利。

　　推銷員所標榜的口號是誠實可靠，可是這是抽象的說詞，要向顧客證明自己誠實可靠，通常需要花費不少的時間。

　　要讓對方產生信任感的重要關鍵就在第一次的見面，所以，必須小心掌握首次的會面，進入對方的「地盤」，使他樂於相信你。

　　平常人與人見面，多半都是面對面相見。關係益趨熱絡之後，本來隔著桌子說話的兩個人，慢慢地就會轉移到桌角上促膝長談。從這種轉變，我們可以研判出兩人已經由形式上的關係，進入了親密關係中。

　　可是，一切事物並不因為彼此已建立進一步的關係就能順利達成目標，往往過分親密的關係，反而使雙方的意志被感情束縛！

　　和別人互動之時，最理想的狀況是，一方面培養親密關係，一方面不要忘記彼此之間保持適當的距離。

觀察眼睛，就能把對方摸清

眼睛無法掩蓋人的醜惡。心正，眼睛就能明亮；心不正則昏暗。聽一個人說話時，注意觀察他的眼睛，人的善惡如何能掩藏呢？

想要成功地認識一個人，第一件事就是，要看穿他的心。只有這樣，才能分清哪些人是可以利用的，應該採取什麼樣的方法去應付他們。

要看穿別人的心，其實並不難。因為再高明的人，也會在不知不覺中把自己內心世界的感情、想法曝露出來，只不過曝露的程度、方式有所不同而已。

常言道，眼睛是心靈的窗口，人們複雜的心靈往往會在這個窗口上流露出來。

善良淳樸的人，一般而言眼睛都坦蕩、安詳的；狹窄自私的人，眼睛一般都昏暗、狡黠；不戀富貴、不畏權勢的人，眼神一般都堅強、剛直；見異思遷、看風使舵的人，眼神一般都遊移、飄忽不定……

人們的瞳孔與人的心靈也有很大的關係。

當人的情緒低落、態度消極時，瞳孔就會縮小；而當人的情緒高漲、態度積極時，瞳孔就會擴大。此外，有資料指出，一個人處於極度恐懼或興奮時，他的瞳孔一般會比正常狀態擴大三倍。

　　幾個人在一起打牌，假如一位懂得這種信號，一看到對方的瞳孔放大了，就可以猜定他抓了一手好牌，怎麼玩法心裡也就有底了。

　　孟子說過，觀察一個人的善惡，再沒有比觀察他的眼睛更好了，因為，眼睛無法掩蓋人的醜惡。心正，眼睛就能明亮；心不正則昏暗。聽一個人說話時，注意觀察他的眼睛，人的善惡如何能掩藏呢？

　　一個人的心是正是邪是隱藏不住的。說話可以弄虛作假，但眼睛並不能夠做到。

　　兩個人如果第一次見面，臉孔往往是第一個注意的對象，而臉上第一個被注意的目標又往往是眼睛。

　　眼睛的神采如何，眼光是否坦蕩、端正等，都可以反映出對方的心地、人品、德行、情緒。如果對方的眼睛胡溜溜地亂轉，很顯然，你必須心存戒備了。

　　例如，在街上的巡邏的警察大都認為，街上來來往往的行人，他們只要細心地打量一番，就可以將這個人的個性看個八九不離十，因為，一個人的眼睛是最能說明他的身份。作姦犯科的人的眼神，幾乎一眼就可以看出來。

　　躲閃對方目光的人，缺乏足夠的信心，懷有自卑感，性情軟弱。

　　遇到陌生人，不會主動地前去打招呼，即使打招呼也是躲閃著別人的眼睛，這樣的人一般比較拘謹，在處理問題時缺乏自信，常有自卑感。

　　當然如果是一對戀人，那麼躲閃的目光又是另一回事了，那表示緊張或羞澀。

接觸，也有一定的模式

我們應該特別小心的是，以愛情為主軸的接觸，與彼此之間的距離及身體的位置有著密切關係。

　　當你坐在公共汽車上或在公共場合，偶然看見自己頗為中意的異性時，一定會有忍不住想要多看幾眼的經驗。這時候，你是否會因此而覺得滿心歡喜呢？

　　英國人類文化學者D‧莫里斯在他的著作《相互接觸》一書中曾經提到，人類愛情交流的模式開始於眼睛對身體接觸，隨後由眼睛到眼睛、聲音到聲音、手到手、手到肩膀、手到腰、手到頭，然後再發展為由口到胸、由手到性器、性器到性器，依次慢慢發展而來。

　　正如莫里斯所言，這是非常自然的情感表現流程，所以，公車上或公共場合由眼接觸到身體的行為，根本不能視為是愛情的表現，充其量只是一種渴慕之情的流露。但是，我們應該特別小心的是，以愛情為主軸的接觸，與彼此之間的距離及身體的位置有著密切關係。

　　談到距離問題，以眼睛和身體的距離最遠，而眼和眼、聲音和聲音的接觸都是間接的，直到手和手正式接觸，才開始直接觸摸的行為。

　　依生物學而言，這種正式的接觸要一直到發生性器的接觸，才告完結，但從社會學來說，就不這麼單純。縱然男女之間的交往目的，大多數是以生物學上的性結合為目的，但一般社會上的接觸只止於彼此志趣相投、眼與眼的接觸而已，所以不致造成社會的混亂不平。

　　但隨著社會形態的變化，接觸的原則也跟之變動。

　　例如，在PUB、舞會……等場所中，男女接觸的行為，就不是那麼單純。他們的接觸可以由眼到眼、由眼到身體、由手到手，逐步迅速地發展下去，當然，發展到何種程度因人而異，即使不相識的一對男女也會有某種程度的接觸舉動。

別讓臉色洩漏了你的心思

人的臉部比其他一切部位更靈敏，表情不是靜止的東西。感情的變動會隨時在你的容貌上顯示出來，你的喜怒哀樂都能從臉找到影子。

人的臉部表情最為豐富。據某些研究資料推測，一般人的臉部表情達二百多種，至於那些電影明星的表情就更多了。

有一位心理學家說：「臉部是人體中提供非語言感情，傳遞得最多的場所。」

儘管有些人不同意這一觀點，認為手是傳遞訊息最多的，但是，有些臉部表情，是手無法傳遞的。

例如，我們與別人面面相對，在說話之前，看對方臉色，大致就可以了解他的心理狀態，即是由於我們在不知不覺中，已經開始察言觀色。

臉部流露出來的感情無須特意推究，就能看出對方心理。因為，人的臉部是心靈的直接表示。從臉部表情的改變，可以準確看出一個人的心思。

如果你一天到晚板著臉孔，人家就會知道你有一副惡劣的脾氣。假如你老是皺著眉頭，也許你是在凝思什麼，但別人一看見，心裡就以為你在討厭他們。

臉部表情也能夠表達震驚或詫異。在這種情緒狀態下，一個

人的嘴會張得大大的，由於震驚，下顎的肌肉會放鬆。

當然，有時候嘴巴無意識地張開，並非是由於震驚，這種情形發生在一個人非常專心於一件事時，例如一個人專心組合精細的機械零件時，眼睛之下的每一條肌肉會完全放鬆了，甚至有時連舌頭都會伸出來。

人的臉部比其他一切部位更靈敏，表情不是靜止的東西。感情的變動會隨時在你的容貌上顯示出來，你的喜怒哀樂都能從臉找到影子。

從臉部和態度的改變，也可以看出你對別人的好惡如何。

在談判桌上，可以觀察到許多面部表情。

例如，一個極具有攻擊性的談判者，會把談判看成是「你死我活」的競技場。他臉部的典型特徵是：睜大眼睛看著你，嘴唇緊閉，眉角下垂，有時甚至嘴唇不太動卻含混地從牙縫裡擠出話來。

另一種人卻擺出純潔無辜的姿態，半閉或低垂著眼簾，露出淡淡的笑意，有著平和的秀眉，前額上沒有一絲皺紋，然而，他可能是一個很有能力而且具競爭性的人，他相信合作是一種強有力的過程。彼此間產生衝突時，則會產生與平時大不同的表情，眉毛通常是下垂，眉頭皺起，牙齒雖然未露出來，嘴唇卻緊緊地繃著，頭和下顎挑釁地向前伸出，與對方怒目相視。

如果在一張臉上連一絲笑容都找不到，那麼這就是一張嚴肅的臉孔，換句話說也是面無表情之意。這樣的臉孔我們稱做為「撲克臉」或「臭臉」，也就是任何感情都不表現在臉上。

但是，沒有表情的臉孔後面往往隱藏著更豐富、更為激烈的感情。正是由於感情過分豐富，並且有意不讓他人了解，以嚴肅

的臉孔掩蓋其感情的流露。

有人在本來該表示高興的場所，故意裝出不高興的樣子。這種人一般是虛偽的。

例如，某人很喜歡當官，有一天被提升為科長的時候，本來應該喜形於色才對，但是他卻一點也不露出來高興的表情，甚至還會對恭賀他的人說：「沒意思，提與不提都是一樣。」甚至會裝出一副不太高興的樣子。當然這是在公共場合，一旦回到家裡，就會表現出另一副面孔了。

實際上，人的情感表現，有時不一定始終保持坦率的情形。潛藏於內心的種種感情和慾望，由於各個時期的內在、外在條件而複雜曲折地表現出來，從而使人產生一種錯覺。在可笑時哭泣，在悲傷時大笑，諸如此類。因此，有必要結合身體的其他語言作出分析。

雙手抱胸，不一定代表拒絕

在社交場合中最使我們困擾的是，面前坐著雙手交叉於胸前的人，這種姿勢代表著什麼意思呢？

　　大約十多年前，美國的靈修團體和部份心理學家相當流行一種集體心理療法，名為「Encounter group 療法」。

　　所謂 Encounter 就是相遇的意思，這種療法的重點在於參加者相互分享彼此的「遭遇」，特別是充分利用心理學技巧，使彼此之間的內心深處產生交流。這種心理療法，必須由精神醫師在場指導，人數大都以十人為一小組。

　　參加者多半互不相識，所以開始時彼此的交流並不熱烈，必須利用各種技巧從旁協助，以加速彼此交流。其中，有一種技巧叫做「彼此觸摸」，即蒙住所有參加者的眼睛之後，再讓他們互相觸摸。

　　心理學家指出，如此一來，彼此的互動會漸漸熱烈起來，然後才得以更進一步地進行內心深處的交流。

　　基本上，人類是需要觸摸的一種動物，每個人都具有自己的慾求，其中當然包括自我的親密性，表現於肢體動作就是自我觸摸。雙手交叉於胸前，正是最常表現出來的自我觸摸行為。

　　在社交場合中最使我們困擾的是，面前坐著雙手交叉於胸前

的人，這種姿勢代表著什麼意思呢？

　　一般的推斷是，這些人之所以在胸前交叉雙手，可能是對我們的談話內容不表同意，但又不便辯駁，因此把雙手當做擋箭牌，拒絕接納我們所說的話。

　　但是，如果我們站在完全不同的立場來看，也可能是這些人希望能完全吸取我們所說的話，所以擺出圍堵的姿勢，預防有所遺漏。

　　在肢體語言學中，對這種雙手交叉於胸前的舉動，解釋的角度可謂南轅北轍。但是，對一般人來說，只要面前坐著一個這樣的人，就會直覺地認為對方不欣賞自己，而擺出防衛、拒絕的姿態；這種負面解釋已被多數人認同。

　　其實，要了解對方的真實心理狀態，不妨試著進行一次試驗。你不妨學著對方雙手抱胸，或許，在你面前那個人，馬上就會放開雙手，露出友善的態度。

　　如果是這樣，那就表示，對方由於你的舉動明白表示了那種姿勢使你覺得不快。

　　這種相對應的做法，不僅可以使我們了解對方的肢體語言代表什麼意思，同時也達到了攻擊對方的目的。

不要貿然侵入別人的「地盤」

不要貿然做出侵犯別人「地盤」的舉動，因為，任意地侵犯別人，企圖與之接近，有時不但得不償失，甚至還會受到對方的蓄意反擊。

人類對自己身體附近的空間，具有強烈的地盤意識。從這個角度來說，越接近地盤的中心，親密度就越高，離地盤越遠，親密度就越小。

通常，我們會以距離身體四十公分處，也就是伸手能及之處畫一弧線，做為自己的身體區域。從正面接近的人，如果能進入這個範圍之內，往往也就可能被准許進入地盤的更深處。所以，平常兩人相見握手的距離，大約就是彼此相距一公尺左右。在客廳中，彼此相距的空間大約也是如此，如果距離三公尺以上，那麼就很少會意識到對方的存在。

一般公司行號，若有正常的組織，那麼，職位越高的人所佔的空間越大，地位越低則空間越狹小。但是，不管自己所佔空間是大是小，每一個人都會盡力維護自己的空間，不讓任何人輕易侵入；一有人侵入時，立刻會遭受反擊。

這一點也是人類跟其他動物的地盤意識不同之處，人類相當善於利用間接的方法保護本身的地盤。

當我們進入政府機關或大企業機構時，可以很清楚看到上層

階級所佔的空間，不但是最舒服，並且也是最寬敞的，低層階級幾乎沒有機會進入這個空間，如果事前未經許可及通報而任意闖入，將會受到不同程度的警告與斥責。

心理學家說，這類空間都是人類為了追求內心的安定而設計的。在家庭中，我們可以允許親人進入自己的身體區域內，但在辦公室裡就不同了，自己的「勢力範圍」很難容許別人接近。這一點和其他動物防衛自己地盤的情形大致相同。

所以，我們必須謹記這一點，不要貿然做出侵犯別人「地盤」的舉動，因為，任意地侵犯別人，企圖與之接近，有時不但得不償失，甚至還會受到對方的蓄意反擊。

PART 2

表情流露
一個人的**心情**

嘴形可以代表活力和愛情。

嘴形大的人是活動型的,

嘴形小的人擁有安靜的性格。

嘴唇厚的人感情豐富,很熱情,

嘴唇薄的人很冷酷。

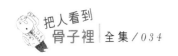
肯定之中交雜著否定

若對方所做出的迎合與談話的節奏根本不合拍，而且贊同的次數多達三到四回，那這樣的迎合就表明對方對你的提案不是真的很贊同。

想要掩飾自己的時候，為什麼反而會做出相反的動作？

越是膽小的人說話就越大聲，這是為什麼呢？

聲音也可以表現出人的深層心理。一般說來，體育界的人說話聲音會比較大，並且從聲音裡可以聽出很有精力、開朗的性格，而相反的，看起來比較沒有精力的人聲音也會相對比較小，會從聲音裡表現出沒有自信心的狀況。

以上這些都是很一般的判斷方法，可是人總是想要掩蓋自己怯弱的心理，因此怯弱的人總是想把自己扮演成很有自信心的樣子，而這點就會於毫無意識的狀態下表現在聲音的大小上。

有意的大聲說話，反而表現出自己內心的怯弱，因為真正對自己有信心的人本不用聲音作為武器，而是根據實際的情況來調整聲音的大小。聲音對他們而言，只是作為交流的工具來使用而已。

另一方面，對自己沒有自信心的人，就會採取相反的方法，不會調整自己的音量，總是用很大的聲音亂嚷亂吼。

甚至即使只是在兩個人說話的場合，他們也會不管周圍環境

而大聲說話，這種怯弱的人只是把聲音當作防禦武器罷了。不知道的人一聽，還以為是很豪爽的人，但是實際上他們只是想掩蓋自己內心缺乏自信心的狀態。

另外，必須注意的是，在迎合聲中，往往隱藏著不贊同的心理。

當我們贊同對方的說法時，一般都會回應對方「嗯、嗯」的迎合聲。心理學上把這種迎合對方的行為稱作「同步行為」或者是「同調行為」。

這是一種贊同對方並在心理上也向著對方的行為。迎合的時機和節奏可以讓談話順利的進行，並讓對話更加有趣，所以通常高明的聽話人也是一個高明的迎合者。

但是，你一定也曾經歷過這以下的情況：即使對方迎合了你好幾次，但是談話卻不能夠順利發展下去。比如說以前的同學們聚在一起時，大家談到什麼時候再找個時間一起出來吃飯，有人雖然沒有說「那樣太麻煩了」，但是也沒有給予明確的答覆，只是說著：「這個想法還不錯啊！」

事實上，他話語下真正隱藏的是：「然我覺得這個主意不錯，但千萬別叫我做主辦人」，因此用持保留態度的贊同聲附和，卻未給予明確且肯定的答案。

如果對方發出了肯定的信號，但是談話卻依舊沒有進度，這種時候就要注意一下對方迎合的時機和次數。若對方做出的迎合與談話的節奏根本不合拍，而且贊同的次數多達三到四回，那這樣的迎合就表明對方對你的提案不是真的很贊同。

許多銷售員看到對方對自己的提議贊成三回以上，就知道事情不太可能再進展下去了。

　　而如果在和對方交談的時候，對方的話並沒有明確的表示反
對，但也沒有出現搖頭這樣強烈反對的動作，一般都是在肯定的
信號中交雜著否定的信號，這時就要透過對方的迎合的次數來判
斷他真正的意思了。

如何在第一次見面判斷出對方的性格

那些初次見面就一直盯著對方看的人，心理和拳擊選手是很相似的，這樣的人一般都具有爭強好勝的性格。

透過打招呼，也能表現每人的人性格。

第一次接觸時的寒暄最能表露一個人的性格。比如說，初次見面的一位長者對你深深鞠躬並說：「請您多多關照」，你會有什麼感覺呢？

你一定會覺得自己很了不起並受到他人尊敬，絕對不會有不好的感覺。

初見面的時候如果先恭恭敬敬地鞠躬，與他人的關係就比較容易進展，比較有協調性，對於不認識的人，只要透過鞠躬的方式就可以給對方好印象。

有的人在寒暄的時候，視線都一直沒有離開對方身上，這是很不禮貌的行為。因為被第一次見面的人直勾勾地盯著，會有一種被觀察、被對方估量的感覺，心情會無法平定；而直勾勾地盯著對方看的人，則想從一開始就比對方先處於優越的地位，因為如果一直盯著對方看上十秒以上，就能讓對方覺得不安。

在拳擊場上，比賽開始之前，有些選手會運用心理戰術，一邊瞪著對方一邊聽裁判講解，這就是想經由一直瞪著對方的方式

來讓對方感到不安，並盡可能使自己在比賽中處於有利的位置。

那些初次見面就一直盯著對方看的人，心理和拳擊選手是很相似的，這樣的人一般都具有爭強好勝的性格。

和這種人的寒暄很難進展順利，而最糟糕的回應方式是慌慌張張地瞥對方一眼。如果出現這樣的行為，那麼下一次再見面時，對方可能會突然拍了一下你的肩膀並問你：「怎樣？最近過得還好吧？」一副上司或者前輩的模樣。

所以，如果在初次見面的時候被對方一直盯著，那麼你要盡可能用平靜的眼光回應，用「我的臉上沾著什麼東西嗎」的眼光看著對方，用這種方法，才能讓自己擺脫劣勢。

鞠躬時，眼睛從上方看著對方，又代表什麼？

如果一邊鞠躬說著「初次見面，請多多關照」，還一邊用眼睛從上方盯著對方，那這樣的動作代表他想要處於比對方更有優勢的地位。

這個時候，可以認為這樣的動作包含了複雜的意義：「雖然我比你卑微，但是我絕對不會服從你的。」

這樣的人可能會在背後捅你一刀，或者會過河拆橋。那種內心和外表態度不一樣的人，大都會做出這樣的鞠躬的姿勢，並在不知不覺中暴露出自己「我是以這樣的心態和你交往的」這種心理。

戴太陽眼鏡是為了掩飾眼神

 當你站在戴著太陽眼鏡的人身邊的時候，通常會感覺很不自在。這是因為，你成了被觀察的對象，卻無法知道對方的表情。

在非必要的狀況下戴著太陽眼鏡，通常是為了想要隱藏內心的怯弱。

我們可以透過對方眼睛的動作來了解對方的內心，但是，戴著太陽眼鏡的人卻把眼睛的表情隱藏了起來，我們要怎樣才能解讀這些人的心理呢？

戴著太陽眼鏡的人，其實是因為他們想要掩飾自己的目光，這樣無意識的動作，反而暴露了他們內心的怯弱心理。

美國心理學家進行過一項「墨鏡實驗」，發現有的人在人們面前說話的時候吞吞吐吐，不能很流暢的表達，但是，給這樣的人戴上太陽眼鏡之後，他們的表達就變得十分流利。

這是因為，戴上太陽眼鏡，把自己的目光隱藏起來，不讓對方看到，從而在心理上形成了一種「心理優勢」。

確實，一個人戴上太陽眼鏡時，可以避免讓對方看到自己的目光，然後，自己就可以仔細觀察對方的舉動。

也就是說，這樣的人如果不把自己武裝起來，就無法和對方交流，這樣的行為反而反應了內心的弱點。

　　當你站在戴著太陽眼鏡的人身邊的時候，通常會感覺很不自在。這是因為，你成了被觀察的對象，卻無法知道對方的表情。

　　但是，如果你知道對方的心理狀態，這樣想：「那個人是想要掩蓋自己內心的弱點，才戴著太陽眼鏡的」，那麼，即使你看到一個冷酷的男子戴著太陽眼鏡，你就會覺得「他並不像看起來的那麼可怕」。

　　戴著太陽眼鏡，想要掩蓋自己內心的動作，反而是表示內心狀態的證據。

通過嘴巴的動作來了解人的真實內心

下意識的用舌頭舔嘴唇，是對眼前的事物擁有很強烈興趣的證據。對方很自然的做出這樣的動作，就可以知道他擁有「強烈的興趣」。

舔嘴唇是非常有興趣的表示。

我們在看動畫片的時候，常常可以看到主角誇張的用舌頭舔嘴唇的畫面，動畫片裡的猛獸在看到好吃的獵物的時候，也會伸出舌頭舔嘴巴。

可是，在真實的世界裡，野獸們是不會做出這樣的動作的，動畫片裡的角色只不過是擬人化的表現。

在我們的身邊，真的有人會做出這樣的動作嗎？

如果我們認真的觀察一下周圍的人的話，那麼就會發現，這樣的人還真是不少。當然，並不會像動畫片裡面的野獸一樣，誇張的用舌頭舔著嘴巴。

那麼，舔舌頭象徵著什麼心理狀態呢？

答案是慾望的流露。

當你肚子餓了的時候，有好吃的食物擺在你的面前，大多數的人會下意識的用舌頭沾濕嘴唇，因為人畢竟是充滿慾望的。

不僅對於食物，當有人邀請自己去參加很便宜的旅行的時候，一般人也會下意識的用舌頭舔著嘴唇，回答說：「好啊，那就一

起去吧。」

對於這樣的人來說，這和好吃的食物一樣，是很吸引人的。

下意識的用舌頭舔嘴唇，是對眼前的事物擁有很強烈興趣的證據。如果對方很自然的做出這樣的動作，那麼我們就可以知道他擁有「強烈的興趣」。

因此，男性要特別注意，如果眼前出現一個漂亮的女性，那麼就得要控制自己，千萬不要作出舔舌頭的動作。因為這樣的動作會讓人覺得你是一個品行不良的人，搞不好還會誤會你是色狼。

咬嘴唇代表著強忍

如果看到對方無意識地咬起嘴唇來，那麼這就是對方透過動作表示「我已經快要忍受不了了」，心裡正在考慮著要不要忍受下去。

咬著嘴唇的動作，可能表示再過十秒鐘對方就會有反擊的行為。

如果你被上司狠狠地責罵，心裡覺得上司怎麼「把話說得這麼難聽」，你會有什麼樣的反應呢？

你恐怕會下意識的咬自己的嘴唇，強忍著滿腔的怒火吧！

在你的心裡面，雖然想著這樣的上司「得打他一頓才能消氣」，但是，為什麼會咬著嘴唇呢？大概是想給自己留下一些痛苦的感覺吧！

因為，毆打上司就會遭到解雇的命運，即使如果沒有被解雇，也就別指望要升官了。也就是說，你陷入了想要打又不能打的狀態，除了忍耐之外沒有別的辦法，這種時候，只有把想攻擊的矛盾轉移到別的地方去。

在心理學上，把這樣的行為稱為「異指向活動」，毫無意識地咬著嘴唇也可以認為是這種心理的一種表現。

並沒有犯下什麼大錯，但是卻被上司絮絮叨叨地責罵，那麼最初你可能會毫無意識地扭絞自己的手指頭。

如果上司繼續責罵，那麼你就會咬著嘴唇，在無聲之中用動作來傳達自己對上司的怒氣。

如果還繼續遭到責罵，那麼你可能就會完全受不了，一邊咚咚地敲著桌子，一邊反擊對方。在這樣的場合，敲桌子也是「異指向活動」的一種表現，忍受著想要毆打上司的心理，把敲打桌子當成發洩的方式。

如果看到對方無意識地咬起嘴唇來，那麼這就是對方透過動作表示「我已經快要忍受不了了」，心裡正在考慮著要不要忍受下去，還是還擊。如果你沒有注意到對方的動作，而繼續之前的話題的話，那後果可能會不堪設想了。

表情流露一個人的心情

嘴形可以代表活力和愛情。嘴形大的人是活動型的，嘴形小的人擁有安靜的性格。嘴唇厚的人感情豐富，很熱情，嘴唇薄的人很冷酷。

觀察對方的嘴角，可以了解對方的心情。

精神分析大師弗洛伊德認為，人的嘴形可以代表一個人的活力和愛情。嘴形大的人是活動型的，嘴形小的人擁有安靜的性格。嘴唇厚的人感情豐富，很熱情，至於嘴唇薄的人很冷酷，比較理性。

弗洛伊德的這種說法，是有事實根據的。

人的嘴巴也有各種各樣的表情，流露著喜怒哀樂。嘴巴大的人笑起來會讓人感覺比較豪爽，如果你覺得這一點和自己很相似，那麼你的性格也會不知不覺變得豪爽、活潑起來。

表情同樣也會透過嘴角表現出來。嘴角如果稍微向上的話，表情看上去就會像在微笑一樣，反過來，如果嘴角稍微向下的話，那麼看上去就好像在生悶氣一樣，板著一張令人不舒服的臉。

最可怕的是，我們通常都不會覺察到自己的表情變化，無意識地在談話的對象面前擺出了這樣的表情。

當我們在聽著戀人談話的時候，由於親密的感覺，一定都會無意識地把嘴角稍微向上揚，好像在微笑的一樣。

　　而當我們在聆聽老闆或上司教訓的時候，除了馬屁精，幾乎就不會有人出現這樣的表情了。比較可能的是扁著嘴，滿臉的不愉快。

　　只要看著對方自然的表情，就可以了解對方的心情。聽著上司教訓的時候，自然地就出現嫌惡的表情，如果上司看了，問你：「你是覺得我的話很無聊？」那麼你一定會回答：「沒有。」然後下意識地想要露出笑容。

　　說這時的笑容像是在抽搐，似乎有點誇張，但是，這個時候你的笑容比起「笑面人」肯定沒好到哪裡去。

　　人不僅僅會悲哀、哭泣，而且經常是在哭泣的時候，變得更難過了。如果我們總是無意識地把嘴巴向下拉，久而久之也會使得個性變得憂鬱起來。

　　接受對方，對世間上的事物抱持肯定的看法，這樣想著的時候，嘴角就會自然而然向上揚，表情也會變得像是在微笑一樣。

　　人們看到你的表情，可能會跟你說：「你的笑容好漂亮。」聽了他們的話，你對世界的看法，一定也會變得更樂觀。

臉的方向，代表一個人的慾望

 左腦被稱為「理論腦」，所以，在毫無意識的情況下想展示自己右邊臉的人，可以說是理性考慮事物的人。

自我主張很強的人，總是想把自己右半邊的臉顯示給對方。

你是喜歡你的左臉多一些，還是喜歡你的右臉多一些呢？突然被這樣問，一般人都不好回答吧？大概都會在鏡子面前做出各種姿勢，好好研究一番。不過，不管是喜歡哪一邊，都可以說是自信的表現。

大部分的人一般會回答：「被你突然這麼一問，我也不太清楚。」但是，如果你拿出相簿，觀察一下自己大部分照的是左邊臉還是右邊臉，可能就可以明白了，而且在那些特別擺出姿勢的相片裡看得更清楚。

如果大部分是正面對著照相機，那麼這也是很了不起的表現，這說明如果必須和別人面對面的話，你會正面對著對方，這樣的表現通常都出現在政治人物身上，可以說是「自信的表現」。

如果稍微向左轉，讓對方看到自己的右邊臉，那也可以說是自信者的表現。

一般來說，右半邊的臉會表現出強大和可以依賴的印象。如果你喜歡自己右邊的臉蛋，那麼就會在毫無意識的情況下經常把

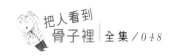
自己右邊的臉展示給對方，這是因為自己希望被別人那樣看待。

意識到自己的右邊臉還有一個理由，那就是我們身體的右半部分是受左腦所管轄的，而左腦被稱為「理論腦」，從語言中樞開始到對事物理論性的見解和思考，都是左腦的功能。所以，在毫無意識的情況下想展示自己右邊臉的人，可以說是理性考慮事物的人。

想展示自己左邊臉的人，則是希望給對方留下好印象。

一般認為，自然而然想要展示自己左邊臉的人，是想給對方留下好印象，因此演員在平時及在電視節目上，總是故意讓大家看到他們的左邊臉。比起右邊臉，人溫柔的表情總是展現在左邊臉上。

這可能跟人類左腦和右腦的功能不同有關係。控制人左半部身體的是右腦，右腦除了沒有直接控制語言中樞以外，它自由支配著創造各種表情的功能，音樂、美術等等有關藝術的創作都是歸右腦管轄的。人的感性也是右腦的管轄範圍，因此人的左邊臉能表現出更多感性，也是可以理解的。

女性在和男朋友約會的時候，經常喜歡處於他的右側，可能就是無意識地想要把自己的左邊臉展示給對方看。而如果要挽著男方手臂的話，也經常都是挽著對方的右手臂，在男友面前展現出自己溫柔、感性的一面。

頻繁地重複動作代表內心的緊張

 我們沒有必要看到他本人抽煙的樣子，只要看一下被扔在煙灰缸裡的煙蒂，就可以像福爾摩斯一樣判斷出抽煙者的心理是多麼慌張和壓力有多大。

　　如果心理很緊張的話，人就會情不自禁地想要接觸身邊的東西。

　　我們可以想像這種情景，例如在一個相親的場合，看到女方一直不斷揪著衣角，而當對方問她：「妳的興趣和愛好是什麼呢？」她小聲地回答，而且一邊說著，一邊還用手捏著衣角。

　　這就是所謂「緊張的表現」，緊張得恨不得要逃出去但是卻不能離開。當心裡充滿這種糾葛的情緒時，我們都會不斷想要觸摸身邊的東西。動物學家德司門多・莫里斯將這樣的行為稱為「轉位活動」。

　　在等待面試的時候不斷玩弄手錶的錶帶，老是一會兒扣上，一會兒又打開；在機場的候機室裡，把飛機票拿出來看好幾次⋯⋯這些動作都是為了緩和緊張的心理而無意識地表現出來的動作。

　　第一次見面的同事們聚集在一起舉行會議時，坐在席間的人大都會低著頭看手上的資料，但是，真正認真看資料的人卻出乎意料的少，很多人只是隨手翻翻，感覺更像只是在擺弄東西而已。

　　這也是一種想要觸摸身邊東西來緩和緊張心情，並使自己習

慣所處環境氣氛的動作。隨意拿出記事本來看、從皮包裡拿出資料、玩弄手錶的錶帶這些行為，無疑都是表現內心的緊張情緒。

頻繁的抽煙表示怎樣的心理狀態？

最近禁止抽煙的規定搞得老煙槍快抓狂，但是抽煙的人還是很多，有時候我們仍必須經常和抽著煙的人對話。

對於抽煙的人，我們更容易觀察他們想要緩和緊張的「轉位活動」。當人們一緊張或覺得焦躁不安時，取出香煙的次數也就會跟著變多。

實際上，這是和頻繁翻閱資料一樣的行為，因此與其說是想要抽煙，還不如說只是想透過抽煙這樣一系列的動作來緩和緊張的情緒。

其中的證據就是，有很多人從點煙以後就不斷重複出現把煙灰敲到煙灰缸裡的動作，一根煙只抽了兩三口就把它熄掉，而且抽煙的方式也讓人感到好像很焦急的樣子。如此一來，煙灰缸裡就會堆滿只抽了一半的香煙。

實際上，我們沒有必要看到他本人抽煙的樣子，只要看一下被扔在煙灰缸裡的煙蒂，就可以像福爾摩斯一樣判斷出抽煙者的心理是多麼慌張，壓力有多大。

抖腳代表著心裡焦躁

 有的人如果已經養成了抖腳的習慣，改也改不掉，那麼就說明這個人經常處於不滿、緊張的狀態。

許多人明明知道抖腳是不雅觀的動作，也很容易被週遭的人看輕，但稍稍疏忽，還是會不自覺地抖起腳來。

搖晃大腿，通常表示了緊張的心理狀態。

焦躁不安地抖腳也是「不安和緊張感」的一種表現，因為可以通過抖腳的行為向大腦傳達信號，緊張感也可以得到緩和。

當人們想不出好主意時，會焦急地在房間裡來回踱步，或出現其他類似的舉動，這些都是在無意識尋求緊張心理的緩和，抖腳也和這些動作一樣，人們經常透過抖腳來代替來回踱步。

在一般習慣裡，認為抖腳這個動作是「貧賤」的象徵，所謂「男抖窮，女抖賤」，因此平時一定要注意不要抖腳。

但是，如果不抖腳的話，許多人的緊張情緒無法舒緩，因而會用別的動作來取代，比如說用手指頭敲桌子等動作，這其實也是表示同樣的意思，如果我們細心觀察的話就會覺得很有趣。

不僅如此，有的人如果已經養成了抖腳的習慣，改也改不掉，那麼就說明這個人經常處於不滿、緊張的狀態。

這樣的人可能對自己抱有太高的理想，不管做什麼事情都不

能如願，於是覺得很焦躁不安，而為了和緩這種緊張的情緒，就開始抖腳了，也有可能是周圍有太多對手，一直處於緊張的狀態所導致。

　　總之，可以認為這樣的人總是處於緊張狀態中，因為抖腳就是自己向外界表示這樣的心理信號。

如何解讀對方強忍著憤怒

憤怒的心情會讓臉部僵硬，而當一個人竭力想裝出毫不在意並讓別人覺得自己很平靜的時候，在鼻子最下面的部位會出現破綻。

透過鼻孔張大的現象，我們可以知道對方是在生氣。

有的人不輕易把感情表現在臉部，但是在很多情況下，卻會因為這樣而遭到誤解，認為「根本就不知道他在想什麼」。而且，這樣的人也會把本來應該很強烈表現在臉上的憤怒盡力掩蓋起來。

不論是歐美人也好，亞洲人也好，都會用身體各個部位來表示憤怒的心情，這些肢體動作除了是對對方的威嚇以外，也是一種為了不引起暴力性摩擦的行為。

雖然說東方人不輕易把憤怒表現在臉部，但是要一直保持平靜的臉部表情也是不可能的，因此他們想要掩飾的表情經常在一些不經意的小地方表露出來。

最容易表現的地方是鼻子。

憤怒的心情會讓臉部僵硬，而當一個人竭力想裝出毫不在意並讓別人覺得自己很平靜的時候，在鼻子最下面的部位會出現破綻，因為這時鼻孔會張得大大的。

心情興奮的時候，呼吸會變得急速，而生氣的時候嘴角會向下抿成一條線，嘴巴緊緊地閉著，因此在生氣時呼吸就全部要靠

鼻子，鼻子自然就會張大了。

　　因此，即使對方僞裝成很平靜的樣子，只要觀察一下他的鼻孔就可以知道他的心理了。

　　強忍著內心憤怒的人有怎樣特有的行爲呢？

　　強忍著自己內心憤怒的人大體上都會緊緊閉著嘴巴，用力咬著牙齒。用力地咬牙齒有兩個意思：一個是忍著不出聲反擊，而另一個意思就是通過咬著牙齒給予大腦刺激的信號，讓自己集中精神，隨時尋找反擊的機會。

　　雖然面部表情僞裝成很平靜的樣子，但有的人下巴卻不斷顫動，雖然還沒有達到咬牙切齒的地步，不過也代表對方正不斷地磨牙齒，極力壓抑住自己的憤怒。

PART3

由手撫摸的**位置**
了解對方的心情

當女性無意識的用手捏耳朵，

或者用手托著臉頰的時候，

其實，她們是陶醉在自己的語言世界裡了。

抬高位置就能掌握優勢

懂得說話技巧的人通常都會根據身邊的地形，站在較高的位置。這樣一來，眾人的目光自然就會集中在他身上，而使自己的發言更加具有說服力。

在卓別林主演的〈獨裁者〉這部電影中，有一幕是卓別林扮演的希特勒和墨索里尼在理髮店裡會面。

希特勒想掌握優勢的地位，所以就把自己的椅子放在比較高的位置，而把墨索里尼的椅子放在比他低的位置。

但是，墨索里尼也不甘示弱，於是也把自己的椅子搖了上去。就這樣，他們兩個人互不相讓，最後兩個人的椅子頂著了天花板。

卓別林高超地表現出獨裁者的心態，或者可以說是一般人的心理。當人們想讓自己處於優勢的時候，就會用目光來表示，無意識地想佔據俯視對方的地位。

俯視的角度給對方一種壓迫感，就是心理學上所說的「要求」服從的無意識行為。根據心理學研究，距離對方兩米左右俯視對方，是最能讓對方感到壓迫的。

學校的講台或者裁判席的設置會比較高，就是基於這個理由。當然，能夠完整地掌握全體情況也是原因之一。

以抬高自己所在的位置，來加重自己說話的分量，是十分有用的。

　　美國心理學家在一項研究當中，發現一個有趣的結論，就是社會地位越高的人，他們的個子也會越高。另外，學者們也發現，在美國過去的總統大選中，身高越高的候選者越有利。

　　關於這種現象，心理學家解釋說，身高越高，眼睛的視線就越高，人們總是覺得俯視別人的人是有才能的人。

　　朝鮮戰爭爆發的時候，在朝鮮和聯合國軍隊進行休戰談判的會議上，北朝鮮軍就曾巧妙地利用了這個心理。由北朝鮮主持的這個會議上，雙方的桌子面對面的擺著，雙方代表入座的時候，聯合國的代表需要仰視對方，因為，聯合國代表的椅子要低十公分左右。

　　聯合國代表立刻表示抗議。但是，更換椅子之前，中國和朝鮮的攝影師就已經把中國和朝鮮軍隊的代表俯視聯合國軍隊代表的情景拍進了相片中。

　　北朝鮮之所以這樣做，就是要給世人留下一個深刻印象：是朝鮮處於優勢來締結這個停戰協定的。這個意圖非常明顯，因而佔據了俯視對方的立場。

　　懂得說話技巧的人通常都會根據身邊的地形，站在較高的位置。這樣一來，眾人的目光自然就會集中在他身上，而使自己的發言更加具有說服力。

下巴代表一個人的自尊心

如果沒有虛張聲勢的話就不能活下去，想到這一點，就能夠了解抬著下巴、愛擺架子的人的心理，不過是個沒有自信的人罷了。

有人說，擺出慈祥和善的臉孔，說著悅耳動聽的話語，正是那些熟諳攻心謀略的人物的拿手好戲，為了達到自己的目的，他們經常言不由衷，以蠱惑的言詞、華麗的表演，改變別人的意志，牽著別人的鼻子走。

正因為如此，我們更需要讀懂對方的身體語言，洞悉對方隱藏在內心深處最真實的想法，如此才能提昇自己的處世競爭力。

揚著下巴說話的人，心裡的想法是什麼呢？

有一種人下巴和腹部稍微向前突出，總是豪爽地哈哈大笑。如果是男性的話，一般都很希望受到大家的尊重。

女性之中也有這種人。她們通常說著自認高雅的言語，一邊還用手掩著嘴巴，呵呵呵地笑著，但是她們的下巴總是高高揚著。這些把下巴高高揚起的人的共同點就是總是認為自己很了不起，輕蔑對方。

總是高高地揚著下巴，抬起下巴的同時，目光就會變成俯視的角度。

這和高處俯視對方是一樣的。動物行為學家德司門多・莫里

斯對這種把自己放在優越、尊貴的地位上的動作稱爲「優越信號」，或者是「輕蔑信號」，簡單說就是讓眼睛半睜半開，頭向後仰，也就是把下巴往上抬。

看不起對方的無意識心理，經常通過揚起下巴這樣的動作來表示。有的人認爲一定要這樣，才能顯示出自己的地位，這其實是虛張聲勢的證明。

在電影或者是電視劇當中，出現兩個人打架的畫面，他們的表情看起來一定會很可怕，而且都會有抬起下巴的動作。

利用可怕的表情，抬起下巴瞪視著對方說：「你要幹嘛？」這就是試圖擺出自己比對方強的姿勢，造成對方的壓力。

這樣的人如果沒有虛張聲勢的話就不能活下去，想到這一點，就能夠了解抬著下巴、愛擺架子的人的心理了。歸根究底，不過是個沒有自信的人罷了。

那麼，縮著下巴說話的人的心理又怎麼樣呢？

縮著下巴說話的人大多表示了強烈的「猜疑心」和「自我防衛本能」。

根據調查，人出生四個月後，對於攻擊行爲都會採取保護自己的「防禦行動」。把身體蜷縮成一團，採取蹲著的姿勢，這樣的防禦動作當中，把下巴縮進去是這些動作的第一階段。

縮著下巴，就形成了保護身體的姿勢。像是拳擊手在比賽的時候，就是採取這樣的姿勢。眼珠向上看，在那樣的場合下，當然不是服從的表示。

像刺蝟一樣毫不猶豫地對對方產生懷疑，一旦對方做出攻擊的動作，馬上就會豎起身上的刺來保護自己，這樣的人一旦沒有做出警戒就不能安心。

　　和這樣的人說話的時候，如果他縮起下巴，眼球從上面看人，那麼最好還是改個話題。不論是他懷疑你說的話，還是你進入了他不想讓別人接觸的領域，對方一定沒有懷著好意，最好考慮改變對策，對於自己或者對方都會比較好。

仰視對方，是表達順從的意思

不管在什麼情況下，想明白對方處在哪個位置上，都可以從目光的角度看出端倪，俯視代表壓迫，仰視代表服從。

俯視對方是有含義的，那麼反過來說，仰視對方也有它表達的意思。

正是因為人的心理是共同的，所以，不管是有意識的還是無意識的，仰視對方表現了這樣的心理：「如果你要我服從的話，那麼我就服從你吧。」

有一個男性職員和他的女上司一起走路的時候，女上司一說什麼話，男職員就要彎腰低頭，努力把視線向下移，同時臉上堆滿了笑容。

通常，這種行為代表著順從和迎和。

動物行動學家德司門多‧莫里斯的著作《相互接觸》中提到，服從的行為就是要讓自己看起來比對方弱小。其中有兩個方法，一個是把身體縮成一團，另一個就是擺出自己比對方弱小的姿勢。

最近，我們可以看到個子高的女性多了起來，即使個子不高，女性穿上高跟鞋和男性並肩走路的風景也不少見。如果注意一下，可以發現一個很有意思的現象，男性一旦開口說話，女性就微傾著頭，目光總是放在一個比較低的位置。

這種行為是為了表達自己的好意，並且讓對方知道。

女性面對同行的男性通常都會把自己的目光放低，避免給男性壓力。但是，惹惱了她的話，那她的雙眼就會直視著，接著在一剎那間把給男性的優越感拿走。前一秒，她還歪著頭問：「什麼呀？」一瞬間目光便從上面俯視著男性，口氣也改變了：「什麼呀！」

不管在什麼情況下，想明白對方處在哪個位置上，都可以從目光的角度看出端倪，俯視代表壓迫，仰視代表服從。

轉移開視線是拒絕的表示

被不喜歡的人邀請的時候，有一個很有效的拒絕方法。那就是把臉別到旁邊，這是一個很強烈的拒絕的信號。

讓我們來想像一下這樣的場景就明白了。

如果一個女性在街角遇到一個不認識的男性搭訕的時候，她看著對方的臉說：「我現在在等我的朋友。」這樣說完，恐怕對方還是會再繼續糾纏下去。

但是，如果對方說：「小姐，我們去喝杯茶吧。」而女方一下子就把臉轉向別的地方，那樣會出現怎樣的結果呢？

這個男人可能還會再糾纏兩三句，但是，不久就應該會自討沒趣而離開。

在心理學上，行為專家把視線的交會稱做「相互聯繫」，認為目光的交會表示對對方的好感和親熱。

因此，一邊看著對方的眼睛一邊拒絕的話，對於臉皮比較厚的人來說，可能會讓對方覺得：「可能多少還有點希望吧。」如果想讓對方死心的話，那就要當機立斷地把視線轉移開，不要讓對方有任何機會。

當然，認為這是「連看見他都討厭」的表示，是有點過度解釋，這只是對對方沒有好感，不想和他交談的意思。

把臉轉開會給對方強烈的刺激，所以一定要很注意。

有時候，轉移視線並不表示那麼強烈的情緒，像是朋友之間聊天，對方把視線略略移開，也是一個比較委婉的拒絕的表示。可以認為是對方對交談的話題不感興趣，或者想迴避這樣的談話。

不管是誰，都有不想提起的話題，為了不錯過對方的表情暗示，最重要的就是交談的時候要認真看著對方的眼神。

由撫摸鼻子的方式看出對方的心思

 說話的時候用手指的背部摩擦鼻子下方，或是把手放在嘴巴周圍，很可能他對自己所說的話沒有信心，要不就是他正在說謊。

用指腹撫摸鼻子表示怎樣的心理？

一般認為，用指腹撫摸鼻子是消極的「拒絕的暗示」。當我們認真的思考一件事情而不想進行的時候，就會無意識的用手撫摸臉部。

揉眼睛，搓下巴，用兩隻手托著臉，這是大家共同的習慣。

當思路不太清晰，很著急的時候，我們也會下意識用手撫摸臉。尤其是處於整個臉部中央的鼻子，更是我們經常下意識撫摸的地方。

比如說，你去拜託別人一件事情，不管是要向他借錢，還是要拜託他幫你跟吵架的女朋友說好話。當你向對方訴苦的時候，如果發現對方無意識地用手撫摸鼻子的話，那麼你就該知道你拜託的事情大概沒有什麼希望了。

因為，這代表著對方考慮了一番之後，覺得你的拜託他沒有辦法做到。這種內心的掙扎，無意識地透過手的動作表現出來，「有沒有什麼好辦法可以在不傷害對方的情況下拒絕他呢？」於是，心情就會變得煩躁不安，下意識用手撫摸鼻子。

當然，也有可能是對方鼻子發癢，不能夠一概而論。但是，在大部分情況下，還是會在無意識中透露自己內心的想法。

至於用手指的背面摩擦鼻子的下方，又表示什麼樣的心理呢？

這個動作有可能只是一個人的習慣而已，但是，如果對方一邊和你交談，一邊用手指摩擦鼻子的下方，那麼你最好用心聽他的話裡是不是有什麼弦外之音。

當一個人說話的時候用手指的背部摩擦鼻子下方，或是把手放在嘴巴周圍，那麼很有可能是他對自己所說的話沒有信心，要不就是他正在說謊。

當我們想要說謊或者是想隱瞞一些事情的時候，總是會無意識地想要掩蓋自己的嘴巴。這表示著我們想要隱瞞謊言，同時也代表著害怕自己一旦絕口不提的話，會讓對方察覺的恐懼。就在這樣微妙的情緒當中，我們就會無意識地用手背來撫摸離嘴巴最近的鼻子。

不管是誰，都希望自己能正直地生活在這個世界上。因此，當自己談論的事情是事實的話，就會堂堂正正表達。當心裡想著：「明明就是胡說八道的事情，卻必須要當成事實說出來，會不會被別人懷疑呢？」這時，心裡的複雜想法就產生了。接著，這樣的焦慮就會自然而然表現在行動上。

當然，這樣觀察對方，準確率無法達到百分之百，但記住，和朋友聊天的時候，可以用對方的動作進行判斷：當對方不安地用手撫摸臉部的時候，可能他談話內容的可信度需要打些折扣，同時，也可以了解到對方的弱點。

由手撫摸的位置了解對方的心情

 當女性無意識的用手捏耳朵，或者用手托著臉頰的時候，其實，她們是陶醉在自己的語言世界裡了。

　　有些女性說話的時候，經常會撥弄自己的臉頰和耳朵，如果細心觀察的話，就會發現，尤其是當她們陶醉於談話的時候，總是會用手捏耳朵，或者是用雙手托著臉頰。這樣的動作表示了她們正陶醉於自己的夢幻世界當中，比起談話的內容，她們更迷戀說話的自己。

　　「你有沒有很可憐的朋友？」當一開始這樣的話題，漸漸的隨著談話的進行，話題就會變成她自己有多麼可憐那位朋友。

　　「真的是太可憐了，我實在是看不下去了。」「實在是太可憐了，我忍不住就哭了。」就在敘述這樣的內容的時候，她就會忍不住想用雙手托住臉頰。

　　這樣的動作可以解讀為是她為了冷卻自己發熱的臉頰，努力想要平靜自己的心情。或者可以認為是她對朋友的不幸深有同感，在尋求「自我親密性」。

　　不管是什麼原因，這種情況下，如果再提出「妳朋友到底是發生了什麼事」這個話題的話，那實在是太不識趣了，會讓她覺得你是一個很不體貼的人。

男性說話時大都有清晰的思路，會漸漸把話題引向結論。但是，和女性的談話，這樣的方法卻不一定行得通。

因爲，女性總是希望向對方尋求和自己同樣的心情。所以，當女性無意識地用手捏耳朵，或者用手托著臉頰的時候，其實，她們是陶醉在自己的語言世界裡了。

所以，在這種時候，如果你能順著這種情況說：「妳真的是一個非常善良的人呀！」那麼，就會讓對方覺得你很體貼，很善解人意。

用手托著臉，表示不滿足

心靈沒有被滿足的時候，我們會下意識接觸自己的身體，尋求自身的安慰。用手托著臉蛋，表現出想要掩飾自己內心的空虛感。

在安靜的酒吧吧檯邊，一位女士面前擺著雞尾酒，一個人坐在那裡。如果那個女士用手托著臉蛋，那麼你一定會有想和她打招呼的想法吧？

讓我們來分析一下你在這時候的內心世界。這時你應該會有這樣兩種想法，一個就是你認為「她的心靈一定非常空虛」，還有一個想法就是，「如果我上前去邀請她的話，說不定她會很輕易答應我」。

事實上，這些想法並沒有錯。用手托著臉蛋，比起「自我親密性」，是一種更直接的動作。做出這樣的動作的人，會希望能有人來改變自己現在的狀態。

換句話說，用手托著臉蛋的女性比較容易被搭訕，所以，女性要是沒有這種意思的話，就不要經常在陌生人面前用手托著臉蛋。

人總會有不安和寂寞的時候，這種時候總是希望可以獲得信賴的人關心。

在嬰孩時代，我們一哭，母親就會馬上來到身邊，把我們抱

在懷裡，溫柔地哄我們，餵我們喝奶。這樣的記憶，即使過了好幾年，也會殘留在我們的內心深處。

因此，當我們的心靈沒有被滿足的時候，我們會下意識接觸自己的身體，尋求自身的安慰。這就是所謂的「自我親密性」。用手托著臉蛋，則是表現出想要掩飾自己內心的空虛感。

當然，不光是女性才有尋求「自我親密性」的心理。有時男性也會用手托著自己的臉蛋。如果你約會遲到了，看到早就在約定的地點等待的方用手托著自己的臉蛋，那麼你得意識到對方現在有被冷落、沒有得到滿足的感覺。

如果對方在你面前托起臉蛋的話，那麼你最好改變一下目前的話題和氣氛。

玩弄頭髮，表示對方感到無聊

 不停玩弄自己的頭髮，用梳子梳頭，再誇張一點的會開始抓自己的頭髮，這些都是表示同樣的意思，就是表示她覺得很無聊。

當女性接二連三的撫摸自己的頭髮的時候，心裡真正的想法是什麼呢？

如果約會的時候，她一直撫摸自己的頭髮，那麼你最好要認真注意一下，因為這種行為代表著女性的心理信號。

如果，你沒有對她說：「妳的這個動作好可愛呀」，那麼她就可能會告訴你：「太無聊了，我們回去吧。」

女性之所以一直撫摸自己的頭髮，也是由於心理得不到滿足，試圖尋求「自我親密性」的一種行動。

可能是你所說的話她覺得很無聊，也可能是對你猶豫不決的態度感到不滿，或者是對現狀覺得不滿足。

不停玩弄自己的頭髮，用梳子梳頭，再誇張一點的會開始抓自己的頭髮，這些都是表示同樣的意思，就是表示她覺得很無聊。

不斷玩弄自己的頭髮，來尋求「自我親密性」，這樣的動作多半發生在女性身上。

因此，即使是女性之間的談話，如果發現對方開始玩弄自己的頭髮，那就代表著對方可能是感到無聊了。

在咖啡店裡，我們經常可以看到兩個女性同樣的一邊玩弄頭髮一邊談話。這種和對方做同樣動作的現象，一般都發生在關係很好的朋友之間，是一種「姿勢反應」的同步調動作，有著很深的含義。

這大概是因為她們之間有著相通之處，同時擁有空閒的時間，可以看成女性朋友之間，大多擁有共同的交流時間和共同的交流方式。

摸臉，代表著不安

用手撫摸自己的頭髮，或者撫摸臉蛋，這樣的舉動也可以解讀成是，自己想要緩和不安和緊張的狀況，而做出的「自我親密性」的動作。

　　用手輕輕撫摸頭和臉，通常是不安感的表現。

　　把工作有關的資料拿去給上司，上司慢慢拿出老花鏡，開始看起資料來，這個時候，你是怎樣的心情呢？如果上司像平時一樣，很快就把資料拿過去還好，但是，如果不是這樣的話，那要怎麼辦呢？

　　你一定會覺得很不安，擔心上司可能會對資料的什麼地方不滿意而指責自己，總是覺得心情不能平靜。在這種時候，你一定會毫無意識地重複用手撫摸自己的頭髮，或者撫摸臉蛋。

　　這時，上司要是不時抬起頭來看你一眼的話，那麼，你這個無意識的動作就會越來越頻繁，一直重複。

　　這樣的舉動也可以解讀成是，自己想要緩和不安和緊張的狀況，而做出的「自我親密性」的動作。

　　這時，如果沒有撫摸一下自己身上的某個地方的話，就會覺得心情無法平靜。

　　經驗豐富的上司，可能在閱讀資料的同時，也注意到你的動作。這時，在上司的腦海裡，可能會形成「下屬老是用手撫摸頭

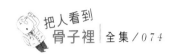

部和臉蛋，會不會是資料中有不完整的地方」這樣的印象。

　　如果你愈是這樣想的話，那麼你的不安的感覺就會越來越強烈。那麼，這種時候，你應該怎樣做呢？不用手撫摸頭部和臉就可以解決問題了嗎？

　　方法只有一個，那就是提交認真準備的資料。你也許會說：「什麼呀，這難道不是最基本的嗎？」但是，希望在你說這句話之前，好好朝著這個目標去做。

　　因為，不安和慌張的心理，越是想要掩飾就越會顯露出來。

由手的動作了解對方何時不想被打擾

用手指托著下巴的動作和「請勿打擾」的牌子

意思是一樣的，希望別人不要打擾他。

　　用手支撐著下巴思考的人，請不要去打擾他。

　　日本職棒知名教練權藤博曾經帶領橫濱隊取得了三十八年都沒有獲得過的冠軍寶座。這位教練經常坐在長凳上用大拇指和食指托著下巴，也許他這是無意識的動作，但是這個動作卻顯示了他具有典型的「謀略家的姿勢」。

　　就像權藤博教練一樣，能夠事先考慮到事情的各個層面，預先做出準備的人，經常會表現出這樣的動作。

　　所以，一旦你的上司做出這種姿勢在考慮事情的時候，你最好不要去打擾他，問些無關緊要的事。當一個人在考慮一件事情的時候，再也沒有被無聊的事情打斷更讓人生氣的了。

　　當然，因為這種姿勢，就把這些人稱為謀略家的話，好像有點言過其實了，但是這樣的人，總是會先把事情規劃好，喜歡把時間花在考慮事情上。

　　也許他們看起來像是在發呆，但是，說不定他們的腦海裡正在考慮工作的進展，或者在考慮新的計劃。就是這樣「希望大家不要打擾我」的心理，讓他們用手指托著下巴的動作來暗示別人。

　　我們經常在飯店的房間門口看到掛著「請勿打擾」的牌子，而用手指托著下巴的動作和「請勿打擾」的牌子意思是一樣的，希望別人不要打擾他。

　　另外，動物行為學家也有這樣的見解，認為用手指撫摸下巴之類的行為，是在緊急的時候尋求安定的動作，是希望獲得安慰的「自我撫觸行動」。

PART 4

距離，意味著
彼此的關係

不喜歡的人企圖闖入你的範圍，

你就會自然而然的向後退。

因此，通過和對方的距離，

就可以判斷出對方對你的接受程度。

觀察對方雙手透露的訊息

 交叉雙手的姿勢是一種本能的「防禦姿勢」，這是因為這時人們會無意識地想要保護重要的心臟。

　　透過細膩的觀察，我們可以迅速研判出對方心裡正在想什麼，是不是口是心非或言不由衷；提高自己的觀察與判斷能力，在人際關係中就可以無往不利。

　　想要把人看到骨子裡，秘訣並不困難，重點就在於你是否懂得口是心非的人性。想要知道對方是什麼樣的人，想瞬間讀懂對方的心思，就千萬不能只用耳朵判斷，必須用眼睛仔細觀察他的一舉一動。

　　雙手交叉的位置比較高的時候，對方的心理是怎樣的呢？

　　交叉雙手包含著很多的含義。最普遍的說法就是：交叉雙手是為了給對方壓迫感。也就是心理學家們所謂的「威嚇信號」和「優越信號」。

　　採用這樣的姿勢的人，大部分都是男性，而且，還可以根據這個姿勢推測出他們從事的職業。

　　我們經常看到警察採用這樣的姿勢，比如說，我們經常會看到當事人在交涉的時候，站在他們的旁邊的警察就是採取這樣的姿勢。體育老師也是經常採取這個姿勢的族群。除此之外，職業

棒球隊的教練也給人經常交叉雙手的印象。

我們可以理解，有的職業會讓人身不由己地想要交叉起雙手來，覺得有必要用各式各樣的方法給對方帶來壓迫感，同時強調自己的強大，因而從事這些職業的人就會經常採用這樣的姿勢。

這種強調自己強大的交叉雙手姿勢的特徵，是把手交叉在胸部較高的位置上，而且雙手只是稍微交叉。這樣一來，會讓別人看起來覺得自己好像在發怒，而且整個肩膀和胸部看起來會比較發達，暗示自己的強大。

健美先生經常採取這樣的姿勢。把雙手交叉放在胸部較高的位置上，這樣的人一定是想要像健美先生一樣，向別人誇耀自己的強大。

至於把雙手交叉放在胸部較低的位置上的時候，表示什麼樣的意思呢？

不管是男性還是女性，當一個人想要表示自己堅定地拒絕的時候，一般都會採取交叉雙手的姿勢。這種交叉雙手的姿勢是一種本能的「防禦姿勢」，和前面提到的給予對方壓迫感的姿勢有很多地方不一樣。

最基本的不同就是雙手交叉的位置是處於胸部較低的位置。這是因為，這時人們會無意識地想要保護重要的心臟。

採取這樣的姿勢走路的女性，如果有陌生人和她打招呼，她一定會當作沒看到。另外，如果一個女性交叉著雙手，在百貨商店或者時裝店閒逛的時候，也可以推測她只是看看而已，沒有要購買的意思。

此外，我們經常可以在電視新聞上看到，有的人即使在交談，也還是交叉著雙手毫不放鬆。比如說，在建築工地的現場，有一

些居民舉行反對該項建設的運動，為了不讓工作人員進入建設現場，一般就都採取這樣的姿勢。

「我不想聽你的話」，這樣的姿勢透露了這樣的意思，是一種很強烈的「拒絕姿勢」，在自己的內心建築起一道壁壘，用雙手交叉起來，阻止他人進入。

即使在會議等場合，我們也會看到這樣的姿勢，例如，在你發言的時候，要是有人交叉雙手，就表示那個人有可能會反對你的意見，很可能必須去回答那個人接下來提出的尖銳問題。

雙手表達的防禦性動作

如果你看到對方有類似交叉雙手的動作，代表
著對方覺得他所處的場合讓他覺得不太舒服。

在會議當中，交叉著雙手的人會讓別的與會者覺得很沒有禮貌，而且還有會把自己的「防禦行動」暴露給對方的可能性。

特別是與會者如果是第一次見面，更是會產生這樣的心理。在不認識的人群當中，本能地想要採取「防禦行動」，這樣的習慣往往會把自己的弱點暴露出來。

但是，如果忍著不做交叉雙手的動作的話，就會覺得自己沒有防備，無法安下心來，在這種時候，人往往會做出一些代替交叉雙手的動作。

以男性為例，他們往往會扣緊襯衫的袖口，或者整理領帶等，透過這樣的動作來取代雙手交叉在胸前。

這樣的動作和交叉雙手的「防禦動作」非常類似，所以也有緩和緊張感的作用。

雖然對方並沒有採取像交叉雙手這樣強烈的拒絕姿勢，但是，如果你看到對方有類似交叉雙手的動作，那麼你就要稍微緩解一下緊張的氣氛。因為，不管是哪一種姿勢，都代表著對方覺得他所處的場合讓他覺得不太舒服。

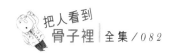

　　女性把雙手交叉放在手提袋上面，也是類似的心理表現。穿著水手服和短裙的女學生，張開腳坐著的時候，還用兩手壓住兩腿旁的裙子，也和交叉雙手一樣，是一種「防禦行動」。

　　前面提到的女學生，在電車中張開雙腳坐著。但是，她們也用兩手放在大腿的中間，這也是一種很強烈的「防禦姿勢」。乍看之下，好像她們的動作很大膽，但是，解讀她們的潛意識就可以明瞭，其實她們也採取了「防禦行動」。

　　把手放在張開的雙腳中間，這樣的姿勢就好像是動物園裡的大猩猩一樣不甚雅觀，不過，親密的朋友大概不會介意這樣的動作。

距離，意味著彼此的關係

不喜歡的人企圖闖入你的範圍，你就會自然而然向後退。因此，通過和對方的距離，就可以判斷出對方對你的接受程度。

　　一個人內心深處的真實想法，常常不經意地透過肢體動作表現出來。接受別人的程度，也會下意識地從保持的距離透露。

　　距離，往往意味著彼此之間的關係。

　　如果距離在四十五公分之內的話，那就代表著兩個人的親密度非常高。

　　人總是想靠近喜歡的人，而對不喜歡的人總是採取敬而遠之的態度。

　　動物對於自己和對手的距離都非常敏感。人類和對方的距離意識從動物時代就開始了，用距離來衡量和對方的親密度，在生活中也很常見。

　　美國人類學家阿特沃特‧霍爾，以親密度為基準，將每個人和他的距離分為「親密接觸距離」、「個體距離」、「社會距離」、「公眾距離」的四個階段，說明了我們對距離的需求。

　　阿特沃特‧霍爾所說的四種距離如下：

　　親密接觸距離：○至四十五公分。這是一個可以進行親密接觸的可能距離，一般出現在夫婦、戀人之間。

　　個體距離：四十五公分至一百二十公分。可以清楚看對方，可以進行比較普通接觸的距離，一般出現在朋友之間。

　　社會距離：一百二十公分至三百六十公分。這個距離要靠近對方需要一些努力，一般出現在工作上的接觸，或者禮貌性的交往當中。

　　公眾距離：三百六十公分至七百五十公分以上。和對方接觸的可能性非常低，一般出現在上課或者演講的場合。

　　以上談到的這些距離實際上有著文化方面的差異，僅供我們參考，因為就東方人來說，比阿特沃特‧霍爾的調查中出現的距離更遠一些。

　　即使有文化上的差異，看過這些資料，就可以很清楚地由距離了解和對方的關係。比如，當中親密度最高的「親密接觸距離」在四十五公分之內，這個距離是從手肘到手指頭的距離。戀人之間身體互相靠近，非常自然地就會達到這樣的距離，說明兩個人的關係進展得很好。

　　比較約略的說法是，把手臂伸直大概就是和朋友之間的距離，而兩隻手都伸直的距離，大概是和有工作關係的人之間的距離。當然，情況會因人而異，但是每個人都會下意識地在自己的身邊設置一道看不見的障礙。

　　如果不喜歡的人突然逾越了這道障礙，企圖闖入你的範圍，你就會自然而然向後退，保持著你所需要的距離。因此，目測自己和對方的距離，觀察對方的動作，就可以判斷出對方對你的接受程度。

眨眼的次數，代表緊張的程度

 眨眼睛的次數，可以表示一個人的緊張程度，如果眨眼睛的次數很頻繁，那麼說明他非常緊張。

頻繁地眨眼睛，通常表示恐慌的心理。

我們在日常生活中所展現出來的動作，其實表現了我們真實的內心。包括視線、身體的動作、鞠躬、握手或者擁抱的姿勢……等等這些身體的接觸，不需要用語言來表達的交流，在心理學上稱為「非語言交流」，我們可以通過觀察這樣的「非語言交流」動作來了解人們真正的內心世界。

我們在「非語言交流」的動作當中，會無意識地暴露自己的內心世界。特別是臉部的表情，更是表現了真正的心理狀態。眼睛是臉部中最能展現內心的地方，如果你能了解對方自然流露出來的眼神，那麼你就能了解對方的心理狀態。

頻繁地眨眼睛的人，表示他內心緊張害怕。眨眼睛的次數，可以表示一個人的緊張程度，如果眨眼睛的次數很頻繁，那麼說明他非常緊張。如果一個人一直被迫處於這樣的緊張狀態，久而久之就會變成怯弱的性格。

我們眨眼睛的次數，大概是一分鐘眨二十次左右。也就是三秒鐘大概要眨一次。根據美國心理學家的觀察，在美國總統大選

當中，候選人布希和敦克思在舉行電視辯論的時候，敦克思眨眼睛的次數就超過了一分鐘六十次的頻率。

這可以說明敦克思比布希要緊張得多。看了這場電視辯論的觀眾也覺得敦克思很不沉著、冷靜，不太適合當總統，果然，最後布希當選了。

我們經常可以看到政治人物舉行電視辯論，在這種時候，可以注意觀察一下參與者的表情。

如果看起來信心十足的人在上台發言的時候，眼睛卻從上面看人，而且還頻繁地眨眼睛，這表示他的發言和他的內心世界是不符合的，他的內心世界非常怯弱。當我們了解到他的內心，就可以明瞭他正在說謊。

從眼神可以認識一個人

一直凝視對方的眼睛是十分不自然的。正常的
方式應該是自然地交流視線，觀察對方的心理
活動。

對自己沒有信心的人會凝視對方的眼睛。

交談的時候，一旦你一直盯著對方的眼睛看，那麼不管是誰，
都是把視線移開。這可以斷定為對方「心理動搖了」，而且是你
讓對方動搖的。

根據心理學家納普調查，一個人凝視著對方，有以下四種情
況。

一、尋求對方的回應。

二、希望用目光和對方交流。

三、想向對方表示友好的意思的時候。

四、想向對方表示敵對的意思。

在這四種情況中，一和二是有意識地向對方輸送目光，有很
強烈想和對方交流的意願。「交流」用心理學上經常使用的話來
說，就是讓雙方的視線一致。

至於無意識地表示內心的，則是三和四這兩種情況。但是，
如果在無意識下，一直持續看對方的眼睛，可能就會讓對方覺得
你的目光裡有著「作對」的含義。

在心理學家阿卡依奴的實驗當中，當兩個人談話的時候，聽話的人看著說話人的時間較長，而說話人看聽話人的時候則相對會少些。雙方視線交會的時間一般是一·五秒，這是普通的談話中出現的視線狀態。

一般來說，女性經常在談話的時候盯著對方看，如果談話雙方都是男性，互相盯著對方看的時間相對比較少。

但是，當在談話當中，有的人卻一直盯著對方看。這是因為，在一些指導書上經常寫著：「看著對方的眼睛，比較能夠說服對方。因此，在談話的時候，一定要注視對方的眼睛。」在培訓營業員的課程上，也經常說到同樣的事情。

確實，持續看著對方的話，可以及時看出對方的心理變化。但是，常常有人只是一絲不苟地照著指導書上寫的做，養成了凝視對方視線的習慣。

如果你發現你的身邊有這樣的人，就可以理解，這樣的人只不過是照著指導書上說的來做而已，也就是說他們對自己的言行毫無信心。

交談的時候看著對方的眼睛是非常重要的，但是一直凝視對方的眼睛卻是十分不自然的。正常的方式應該是自然地交流視線，觀察對方的心理活動。

凝視對方的時候，你想要說服對方，或者說想要支配對方的心理反而會暴露，倒不如和對方進行自然的視線交流，這時，只需要一個眼神就可以大概了解對方是怎樣的一個人了。

瞳孔會真實反應內心變化

 如果上司對你的計劃書感興趣，即使面無表情，瞳孔也會擴大。表情可以隱藏內心的活動，但是，瞳孔卻會真實反應內心的變化。

　　看到自己喜歡的東西的時候，人的瞳孔會張大。

　　從陰暗的地方走到光亮的地方，人的瞳孔就會縮小，這是因為我們的瞳孔，有著和照相機的光圈一樣的功能。

　　但是，人的瞳孔並不僅在對光進行反應的時候才會張大和縮小。比如說，男性在看到女性的裸體照片的時候，即使沒有光線的因素，瞳孔也會張大。

　　芝加哥大學的一位心理學家，曾經以「瞳孔的大小和興趣的強弱」為主題，設計了一系列的實驗。在接受實驗的男性和女性當中，分別看了「女性裸體」、「男性裸體」、「風景」、「嬰兒」、「抱著嬰孩的母親」這樣五組照片，同時觀察他們瞳孔大小的變化。

　　根據這個實驗的結果，男性在看到「女性裸體」，女性在看到「男性裸體」、「嬰兒」、「抱著嬰孩的母親」這幾組照片的時候，瞳孔會張大。

　　實驗顯示，人的瞳孔對有興趣的事物，或認真的沉迷於某個事物的時候會張大。

　　反過來說，看了不想看到的事物，或讓人感到厭煩的事物時，瞳孔則會縮小。看到恐怖電影中的驚險鏡頭的時候，人的瞳孔一下子就縮小了。

　　受薪階級也可以透過瞳孔變化，摸清上司真正的想法。當你拿著新的計劃書交給面無表情的上司的時候，就可以稍微觀察一下上司的瞳孔，如果上司對你的計劃書感興趣，即使面無表情，他的瞳孔也會擴大。

　　表情可以隱藏內心的活動，但是，瞳孔卻會真實反應內心的變化。

搓揉眼睛是為了掩飾

如果真的無法掩飾自己內心的動搖的話，不妨試一下其他方法，只要有逼真的演技，說不定可以輕易蒙混過關。

用手揉眼睛的動作，表示內心有出現動搖。

有一句大家所熟知的話，叫做「眼睛是心靈的窗口」。不管你同意還是否絕，一個人內心的動搖也會通過人的眼睛體現出來。

因此，為了掩飾內心的動搖，人總是會做出各式各樣的努力來遮掩，不讓對方發現。最常見的，就是用手來搓揉眼睛。

在無意識的情況下用手揉眼睛，或是戴眼鏡的人把眼鏡拿下來擺弄。這都是由自己接觸自己的身體來緩解緊張的「自我撫觸行動」。

在會議上，對著嚴厲的提問一下子回答不上來，有的人就會出現類似上面提到的那個兩個動作，一邊做動作，一邊說著：「嗯，關於這個問題嘛……」然後把目光轉向資料，希望能從中獲得什麼資訊。

不管是搓揉眼睛，還是把眼鏡拿下來擺弄，如果對方的視線仍然還是在自己的身上，這個時候，就會出現慢慢地從上衣口袋裡掏出香煙，並拿著香煙在桌子上輕敲幾下這樣的動作。

以前，在會議當中吸煙的規定還沒有這麼嚴格，有很多人總

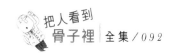

是很習慣在會議上抽煙,在煙吐出的一瞬間,大家的視線都會被煙所引,可以借著煙霧掩飾自己內心的動搖。

因此,有的人便點燃火柴,悠閒地吸著香煙,才開始說:「關於這個問題嘛……」。

即使是同樣手的動作,由於手的位置的不同,也能夠達到掩飾內心動搖的效果。

如果真的無法掩飾自己內心的動搖的話,不妨試一下其他方法,只要有逼真的演技,說不定可以輕易蒙混過關。

手的動作，暗示著結果

 人在心情放鬆的時候，手指會稍微離開身體，手指會自然張開。如果手是非常放鬆放著的話，可以認為是表示「可以」的意思。

　　心理學家說，想要破解一個人的行為，除了觀察眼睛之外，更應該留意他的手部動作，才能更準確猜中對方的心思。

　　由手的動作，能夠看出對方是表示「可以」還是「不可以」。

　　攤開手指左右搖擺，不管是誰都知道，這是表示「不可以」的意思，這是一個很強烈表示「拒絕」的姿勢。

　　事實上，人類最初是用腦袋左右搖擺表示「不可以」的意思，但是這樣做很容易眼花，於是就用手的左右搖擺來代替腦袋的左右搖擺。如果有誰向你使用這個姿勢的話，那就表示沒有希望了。

　　但是，如果對方還沒有做到這樣強烈的地步，只是稍微使用一些手勢，還是能夠看出對方的一些想法的。

　　首先，「可以」是表示「肯定的暗示」。如果和你談話的人撫摸著自己的下巴的話，那麼很有可能他是用放鬆的心情來聽你的談話，而且對你的談話內容是以肯定的心情來接受。

　　不過，這也很有可能只是個人的習慣而已，不可以一概而論，總之是可能性的問題。即使在進行會談的時候，對方一邊說著「要怎麼辦」，一邊撫摸著下巴，那也表示事情還是有轉圜餘地。對

方是否會同意的關鍵，就在於對方是不是抱著放鬆的心態來聽你的談話。

人在心情放鬆的時候，手指會稍微離開身體，手指會自然張開。動作如果非常自然的話，那麼談話將會朝著好的方向發展。不管是誰，多多少少都會有一些習慣動作，而且大都不會有太大的改變，如果手是非常放鬆放著的話，那麼我們便可以認為是表示「可以」的意思。

另一方面，表示「不可以」的時候，和上面談到的剛好相反，手的動作一定非常緊張，比如說，會用手指頭敲桌子，或者用手撫摸臉蛋。手一旦出現不自然的動作，大部分是因為對方覺得不耐煩。

如果對方已經把手交叉放在頭部後面，或者不斷玩弄打火機或筆之類的小東西的話，那就表示他對你的談話已經覺得很厭煩了。

如果發現對方出現這種動作，那麼你最好識趣一點，要意識到再勉強說下去也是沒有用的。

從坐姿看出對方的誠意

 在和第一次見面的男性談話的時候，如果對方很放鬆地張開雙腳坐著，那就表示他對你是很信任的，而且可以接受你。

男性張開腳坐著，對對方的態度是怎樣的呢？

心理學家說，人類隨時隨地都在向外界發射自己是男性還是女性的「性別信號」。像男性張開雙腳坐著，就是一個表示自己是男性的信號。

張開雙腳是一種無防備的動作，至少在強調自己可以做到這件事情的同時，也在向對方表示自己對他的信賴度。雖然這種坐姿是在強調自己的男性氣概，但是在陌生人當中採取這樣的坐姿，是需要勇氣的。

在國外的一部動作片當中，有這樣一個畫面，被敵人抓住的男主角雙手被反綁在椅子背後，但是他仍然張開雙腳坐著。男主角的這種姿勢，表現出他的態度是：「我絕對不會輸給你們的。」

然而，在擁擠的車廂中，故意這樣張開雙腳坐著的行為，不但不會有什麼好的效果，反而會弄巧成拙，讓人讀出你的內心狀態。那是因為你沒有把握周圍的氣氛做出合宜的舉止，只是想虛張聲勢而已。

一般對自己沒有自信的男性，通常不會張開雙腳，而是會雙

腿併攏穩重地坐著。像這樣對自己沒有自信的普通男性，當他張開雙腳坐著，而且對方不會對他不利的話，那就表示他是信賴對方的。再者，我們也可以認為，他選擇對方做為自己發出性別信號的對象。

因此，在和第一次見面的男性談話的時候，如果對方很放鬆地張開雙腳坐著，那就表示他對你是很信任的，而且可以接受你。

但是，如果對方是一個很自負的人，或者是一個年長者，或者是一個地位比你高的人，那麼你們在一起的話，請不要張開雙腳坐著，因為這會表示你在向他顯示你的強大，而使對方採取警戒的態度。

在這種時候，你要很有禮貌，而且自然地併起雙腳，向對方顯示自己也是處於一種放鬆的狀態。

雖然前面提到，張開雙腳坐著是想表現自己很強大的男性發出的「性別信號」。但是最近，在車上，我們經常可以看見女性出現了這樣的坐姿。仔細觀察了一下，我們可以發現她們的雙手一直很緊繃地按在兩腿之間，這反而是一種警戒姿勢，也是一種「防禦行動」。

雙腳會發出厭煩的信號

如果發現第一次見面的人的坐姿是緊閉雙腳，
那就不要馬上進入談話的正題，先聊一些無關
緊要的話題，讓對方的心情逐漸放鬆下來。

雙腳交叉坐著，到底是表示放鬆還是表示緊張？

不管是男性還是女性，在心情緊張的時候都會採取雙腳閉攏的坐姿。這種坐姿在表示「我謹遵您的教導」同時，也會給人一種很見外的感覺。這是因為，緊閉雙腳是表示本能的「防禦姿勢」。

但是，這樣的姿勢持續很長一段時間，會覺得很累，因此，一旦可以稍微放鬆的時候，就會換成交叉著雙腳坐著的姿勢。這也是一種「防禦姿勢」，但是相對於雙腳併攏會比較輕鬆。

出現這樣的姿勢，是表示在傾聽對方談話的同時，自己也想發言，有著「相互的交流」的意思。

如果發現第一次見面的人的坐姿是緊閉雙腳，那就不要馬上進入談話的正題，先聊一些無關緊要的話題，讓對方的心情逐漸放鬆下來。當對方心情放鬆，轉成採取交叉著雙腳的姿勢的時候，再慢慢進入正題會比較好。

但是，如果發現對方頻繁地交換雙腳，那麼就到了該結束談話的階段。雙腳頻繁地交換這樣的姿勢，表示聽話人對談話已經

開始厭煩了。即使還沒有談出結果，最好還是先告一個段落，另外再找機會繼續會比較好。

如果你沒有及時發現對方「厭煩的信號」的話，那麼你好不容易建立起來的溝通的平台可能會被毀壞。不要讓雙方的溝通過於鬆散，也不要太過於強調溝通的緊密，這樣雙方的溝通才會順利進行，也只有這樣才算得上是高明的交際。

為了達到這樣的效果，一定要密切注意談話過程中對方細微的暗示動作。

PART 5

如何一眼
就看穿騙局

我們是否一直依照自己的思想在行動？

是否依自己的主觀做決定？

還是因為貪小便宜的心理作祟而跟著別人一窩蜂？

把別人的中傷變成自己的能量

我們對某人或某物擁戴時，一切有關他的不利情報，均會置之不理，此種心理，心理學家菲斯汀加稱為「認知性的不妥協理論」。

　　無論遭遇的情況多麼糟糕，只要妥善運用語言的力量，把別人對自己的中傷轉化成能量，就一定會出現驚人的「療效」。

　　活在競爭激烈的商業領域，「轉化」產生的影響力，遠比想像中還要強大。

　　細心研讀各種心理技巧，掌握對方的心思後加以靈活應用，會使你更迅速擄獲人心，也更順利達成自己的目的。

　　雖然受到他人的中傷或批評，並不是件好事，但是就如同轉禍為福一樣，受到他人中傷時，如果應付得體，也可以將這種批評或中傷，轉變為對自己有利的情勢。

　　因為，一般人總是對受壓迫的人，給予較多的同情；另一方面，被中傷的人也會認為：「這種處境實在太危險了，必須想個辦法解圍！」因此，會產生比中傷當時更強烈地約束自己的念頭，並促使自己站起來抵抗對方。

　　許多官司纏身或捲入緋聞風波的民意代表，之所以能夠相繼當選，也是這種心理作用造成的結果。

　　每到選舉期間，街頭巷尾便會散發許多競選傳單，候選人總

是將自己捧得像包公再世一般，而將對方攻擊得一無是處。但是，此種手段不但無法混淆選民的視聽，使他們背棄對手轉而支持自己，相反的，還可能成為強化對方的力量。

換言之，以打倒對方為目的的中傷行為，時常會成為對方更堅強地站立起來的助力。因此，人們有時為了振作己方陣容的志氣，會故意製造一些中傷自己的謠言。舉世聞名的 K 飲料公司，就曾應用這種心理作用。

該公司的銷售紀錄一直高居第一位，為普受歡迎的名牌飲料，因此，經常受到同業的批評與中傷，如果要一一辯駁，實在是疲於應付。因此，該公司的宣傳部門，集合群力絞盡腦汁，終於想出一個好計策，即製造「反 K 飲料」的新聞。

他們將所有對 K 飲料的批評與中傷，完完全全記錄下來，繼而將這些對自己不利的說詞集中整理，然後秘密刊載於報章雜誌上，任人批評。沒想到這麼一來，消費者的心理奇妙轉變了。

他們認為，「受到這樣惡意的攻擊，銷售紀錄卻依然能夠高居第一位，若非極為優良的產品，哪有這種能耐！」因此，對 K 飲料的中傷與批評毫不在意，而認為飲用此種商品，表示自己的勇氣與眼光，所以該公司的銷售量，仍然繼續保持領導的地位，這正是一種善用中傷的反間計。

當我們對某人或某物擁戴時，一切有關他的不利情報，均會置之不理，此種心理，美國心理學家菲斯汀加稱之為「認知性的不妥協理論」。

因為，要是聽到對自己喜愛人物的不利批評，就輕易相信、接受的話，不就等於承認自己判斷不當？這麼一來，不但無法從自己的喜愛中獲得快樂，反而會滿心的懊惱與後悔。所以，大多

數的人對此種不利的報導，一開始便產生拒絕的心理，既不願意聽也不願意看。

我們應該謹記這種心理機能，並妥為應用，而不受它的擺佈。

如何一眼就看穿騙局

 我們是否一直依照自己的思想在行動？是否依自己的主觀做決定？還是因為貪小便宜的心理作祟而跟著別人一窩蜂？

　　社會上騙人的詭計到處都是，利用人心弱點設下的陷阱和騙術，更是五花八門，因此，人必須具備一眼就看穿騙局的智慧。

　　好幾年前，發生了一件轟動社會的行騙手法，騙局中的受害者，是一群老舊社區的家庭主婦。

　　這些主婦們平日省吃儉用，買起東西錙銖必較，居住在擁擠不堪的小公寓，但是卻在精心設計的騙局中，爭先恐後地掏腰包去購買超出原價數倍的商品。

　　騙局的主角利用巧妙的心理學，先搭起棚子，掛出了「促銷大減價」的看板，然後抬出一簍簍昂貴的高級水果，以半價拋售，傾銷之後再拿出市價兩三百元的商品，大喊：「每件一百元！真正便宜！」

　　非但如此，他們還附贈送精美贈品，凡購買商品的人，一律加送大型洋娃娃一個。這麼一來，主婦們個個笑逐顏開，買不到商品的則大呼倒楣，心中暗想：「不管下批貨是什麼，一定要搶到手！」

　　拍賣場的氣氛十分踴躍，人人心存「不買就會吃虧」的心理。

就在這個時候，他們抬出了一張張雙人床，高喊：「又柔軟又舒服，保證一覺到天亮！每張只賣三千元！」話還沒說完，大家蜂擁而上，轉眼之間便銷售一空。其實，這種床舖市面上的售價不到一千元！

看了這個事件，我們不妨回想一下，我們是否一直依照自己的思想在行動？是否依自己的主觀做決定？還是因為貪小便宜的心理作祟而跟著別人一窩蜂？

經過思考之後，我們一定會發覺，在平常生活中，人們的意識經常會受到各種意外現象的干擾與誘惑。前面所說的雙人床騙局，就是一個很好的例子。唯有保持冷靜的判斷力，才能不受眼前的小利誘惑，一眼看穿別人精心安排的騙局。

竊竊私語，有時是個騙局

想要某人知道一件事，與其當面告訴他，不如假裝不知道他在場，而與朋友竊竊私語，在談話中把希望讓他明白的事情編織進去。

　　心理學上有「偷聽的效果」這個名詞，意思是說，一則訊息從對方直接聽來，反而不如經由偷聽談話，更容易令人相信。也就是說，一個與自己無利害關係的第三者，他所講的話雖然令人覺得不太可靠，但是由於心裡認為此人對自己沒有任何惡意，所以往往在不知不覺中，便掉入陷阱中，難以自拔。

　　根據美國社會學家布洛克與培加的調查，偷聽的傳達效果極為巨大。譬如，經常發生的銀行擠兌事件，原因往往出於某些人士故意神秘兮兮地說：「銀行最近不太安全！」不料，話一傳出去，卻使得存戶爭先恐後地奔向銀行擠兌，將櫃檯的窗口團團圍住，造成銀行幾乎倒閉的危機。

　　那麼，如果有意利用「偷聽的效果」，將會製造什麼情況呢？

　　在美國曾經有人根據這種心理結構，創設一家散播竊聽效果的「謠言製造公司」。

　　它以兩人或三人為一小組，接受特定契約的委託，在足球場、棒球場、地下道、或者是百貨公司裡，在人群擁擠處竊竊私語，藉以傳播消息給大眾，他們往往小聲地交談，但發出的音量又恰

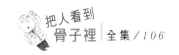

好使周圍過往的人們聽得到。

結果由於傳言 A 食品工廠有罹患傳染病的工人，而使該公司的產品因而滯銷；由於傳言 B 公司在戰爭時曾暗中支助希特勒，而使該公司的聲譽嚴重受損。

我們平常也可以利用這種方法，例如，想要某人知道一件事，與其當面告訴他，不如假裝不知道他在場，而與朋友竊竊私語，在談話中把希望讓他明白的事情編織進去，當事人一定會誤認為這是我們的真心話。

一般說來，竊竊私語大都是不願讓第三者知道的秘密，這有可能是事實，但有時也會是騙局或陰謀，耍詐的一方故意以竊竊私語的方式出現，目的就是要使人上當。

因此，道聽塗說的消息絕不可盲目相信，必須仔細分析，才不致受到矇騙。

腳部會透露人的心思

 腳部動作確實是表達人類感情的一大重點，這
是大多數肢體語言專家所承認的結論。

　　人的雙腳有時也會洩漏秘密，根據肢體語言學的理論，腿部
和腳部都是傳遞訊息的最佳工具。如果我們仔細觀察那些站在車
站或戲院門口等人的人，從林林總總的等人姿勢就可以印證這種
說法。

　　我們時常可以看到有人用雙腳猛踏地面、兩眼四處亂飄，有
的人更是不停地踱來踱去。其實，這種腳部的動作，正意味著一
個人內心處於焦急不堪的狀態。

　　人的腳部對外界事物的感受相當敏感，例如，當一個人聽到
搖滾音樂或流行音樂演奏之時，身體最先反應的部位就是雙腳，
接著才是雙手，然後搖頭晃腦，然後身體其他部位跟著動起來。
這是因為外界的刺激牽動腳部的運動。前述那些站在車站前以及
戲院門口等人的人，就是因為等候的對象遲遲未到的刺激，牽動
了腳部的動作，而表現出不安的神情。

　　有位汽車推銷員挨家挨戶拜訪客戶的時候，往往能夠憑著敏
銳的觀察力，判斷出一個家庭的「當權者」到底是誰。他所掌握
的重點就在腳部，特別是兩腳交叉的動作。

例如，當他向一對夫妻推銷時，如果發現女主人先換腳交叉，然後男主人才跟著妻子改換姿勢，他就可以確定這個家庭的掌權者是女主人。因此，他只要針對女主人多下功夫，成交率就可以高達百分之九十以上。

腳部動作確實是表達人類感情的一大重點，這是肢體語言學家承認的結論。

例如，當你赴約時，倘使未能準時到達，你不妨試著觀察對方腳部的動作，就能明白他內心的想法。如果他老是用腳打著拍子，就表示他對時間非常在乎，你最好從此嚴守時間，不要再遲到，否則下一回對方可能就會給你臉色看，你們之間的關係也會因此而出現嫌隙。

他們為什麼出口成「髒」？

脫口而出的惡言並沒有什麼特別含義，而且也不會直接傷害到我們，只要把它當做欲求不滿人的胡言亂語就行了。

　　許多人從不在乎自己是否醜態畢露或口出穢言，口頭上常常說些不堪入耳的髒話，有時甚至在大庭廣眾之下破口大罵！

　　這種人口出惡言、舉止粗魯，實在令人不敢恭維！在他們的心中，或許認為說些髒話，才能讓自己顯得突出、特殊。

　　也許有人以為肆無忌憚地口出穢言、恣意謾罵是一件痛快淋漓之事，尤其是那些粗鄙、不堪入耳的話語，他們更喜歡掛在嘴邊一吐為快！

　　例如，有關性行為方面的辱罵字眼，以及充滿性器官暗示的粗話，都經常從他們嘴裡脫口而出！聽到這些髒話的人必然心中不悅，有時就更加惡毒地反唇相譏，造成一場又一場無謂的糾紛來。

　　心理學家指出，這些喜歡口出穢言或任意侮辱別人的人，其實是某方面的欲求不滿，而引起心理焦躁不安的現象。如果當事人找不到紓解這些焦慮的適當方法，日漸累積的焦慮就會在某個時機中爆發出來。

　　爆發之時，他們不一定會挑選特定對象發洩，只要一有機會，

不管何時何地，都會宣洩心中的躁鬱，使得與他們接觸的人遭受無妄之災。

這種場面往往很尷尬，當雙方無法抑制自己的怒火，忍無可忍之時，就會釀成肢體的格鬥。

由於欲求不滿而產生的惡言惡語，當事者脫口而出時，根本不曾考慮後果，也不會注意別人是否被傷害。

所以，除了有心人士蓄意為了打擊別人，而事先磨練一些惡毒言語之外，我們對於別人的髒話穢語大可不必加以理睬。

因為，這種脫口而出的惡言並沒有什麼特別含義，而且也不會直接傷害到我們，只要把它當做欲求不滿人的胡言亂語就行了。

越緊張越容易盲從

我們能夠拆穿的，只不過是一些小把戲，商場上的宣傳伎倆、政見發表、求職時的種種騙術，想要一眼就洞悉，並不是那麼容易！

做生意的人，為了掏空客人的荷包，時常想出各種花招。如果我們仔細觀察，就不難發現他們對「如何使消費者多花錢」所下的功夫，的確令人折服。

有一位超級市場的老闆就以自己的經驗現身說法。他說，一般超級市場打烊前的一個鐘頭是「黃金時間」，在這段時間內，業者會加強燈光照明，把背景音樂換成節奏輕快明朗的曲子，所有的店員都必須全神貫注，尤其是新鮮食品部門，店員高喊：「歡迎惠顧！」使整個超級市場充滿了高昂的氣氛。

一般的家庭主婦們處在這種氣氛中，判斷力通常會受到干擾，造成衝動性的瘋狂搶購。這種心理戰術的技巧在於，音樂愈大聲、照明愈明亮，顧客心理愈緊張，就愈容易衝動。

當然，在這種緊張的氣氛裡，顧客根本無心久留，一心一意只想買了就走，如此一來，更增加了熙熙攘攘的氣氛，顧客也更容易盲目搶購。

時常運用這種方法，而又發揮得淋漓盡致的，就屬車站和機場的候車室、咖啡廳、店舖、餐廳……等。這些地方不但缺乏隔

音設備，反而以明亮的燈光、喧擾的人聲來製造緊張效果，我們甚至可以說，這通常是業者和機場、車站串通好，共同來應付行色匆匆顧客。

　　只要仔細觀察，就不難發現社會上這一類的伎倆到處都是，我們能夠拆穿的，只不過是一些小把戲，至於商場上的宣傳伎倆、政見發表、求職時的種種騙術……，想要一眼就洞悉，並不是那麼容易！

單純是一種巧妙的心理陷阱

言詞越簡潔，越能吸引人。對那些言詞簡練有力的人，必須小心應付，因為單純其實是一項巧妙的心理陷阱。

控制人類心理的技巧以單純化為主要原則，希特勒以及他的助手戈貝爾斯，就相當善於利用這種技巧來控制群眾。

「言詞越簡潔，越能吸引人。」這是希特勒語錄中的名言之一。

戈貝爾斯也曾經說：「宣傳就像雕刻，必須簡潔而有力。如何以淺顯易懂的言詞，將一件事情解釋明白，比起在專家學者面前解說問題更加費功夫。」

希特勒與戈貝爾斯都十分善於運用單純化原則，所以能興風作浪，在歷史上製造了巨大的動亂，為人類帶來空前的浩劫，至今仍讓人心有餘悸，難以忘懷。

電視就是運用單純化原則最明顯的大眾傳播工具。或許有人已經發現，電視節目主持人有種明顯的趨勢，他們將收看電視節目的觀眾視為戲弄的對象，尤其是一般性談話節目。因此，從事電視節目工作的人員，必須具備下列才能：

1. 聲音要清晰宏亮。

2. 能夠將結論提出。

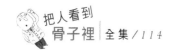
3.必須先提出結論，再做仔細的解釋。

4.善於做生動的譬喻。

5.能夠在三十秒鐘內講出一段頭頭是道的完整言論。

顯然上述五項條件均以單純化做為原則，重點在於能將難以理解的事情以淺顯的言詞描繪出來，如此才能誘導觀眾。

因此，大多數出現在電視節目中的人物，幾乎都是說話明快、字字珠璣的模樣。

因此，我們對那些言詞簡練有力的人，必須仔細觀察、小心應付，因為單純其實是一項巧妙的心理陷阱。

不要誤闖別人的「心靈地盤」

人類是具有強烈「地盤」意識的動物，因此，千萬不要任意闖進別人的地盤，否則便會招來不必要的紛擾。

　　假設你是一個新進員工或公司裡年紀較輕的職員，有一天被經理叫進經理室交代事項，通常經理會神色自如地從辦公桌旁的角落邊拉出一張椅子，然後請你坐在辦公桌前。心理學家指出就行為語言的角度而言，那張區隔彼此界線的辦公桌，正是經理宣示自己領域的小道具。

　　經理請你坐在辦公桌的前面，就是技巧性地利用小道具，強調自己身分的技術和手腕。

　　我們可以說，這張桌子是經理「自我」的延伸，或者說它扮演著捍衛經理「心靈地盤」的角色。

　　人類與其他動物的「示威」行為具有差異的地方是，人類能將擴大自己地盤的道具加以有效的應用。

　　一張桌子，或者某些等殊物品，都具有宣示「地盤」的能力，也具有心理上的特殊意義！

　　高速公路上經常出現飛車追逐，其實也是這種「地盤意識」作祟的結果。當你悠閒地駕著車，以正常速度行駛時，忽然從旁竄出一輛汽車超越了你，這時你的感覺一定不太舒服，不禁心裡

頭暗自咒罵，於是興起了超車的念頭！

當然，並不是每個人都會有這種衝動，但大致說來，精神上的不愉快總是免不了的！因為，一旦有人侵犯了我們的地盤，被侵犯的感覺使我們覺得不舒服！

所以，經理要你坐在他的桌子前面，就是想利用桌子宣示自己的地盤，不過這一類行為，大都是在無意識中進行的。

人類是具有強烈「地盤」意識的動物，因此，千萬不要任意闖進別人的地盤，否則便會招來不必要的紛擾。

無能的人最喜歡批判

因為自己的慾求無法滿足，轉而藉著批判別人以獲得自我滿足的變相行為，精神分析大師弗洛伊德稱之為「合理化」的心理機制。

人們在氣憤難當的時候，經常會輕易脫口說出不經大腦考慮的謊話或惡毒言語。

例如，一對情侶發生口角時，被怒氣衝昏了頭的一方，往往會口不擇言說出惡言。其實，這只是宣洩心中積壓的不滿情緒，並不表示愛情本身有了裂痕。

一般而言，小孩子最喜歡講這一類謊話。他們嘴裡所講出來的，和心裡想的完全相反，他們只不過在鬧彆扭的情況下，隨便捏造幾句言不由衷的謊話而已。例如，明明自己喜歡吃的東西，嘴裡卻說不喜歡；心裡想要的，嘴裡卻說不稀罕。

追根究底，這些現象，都是父母平時對孩子的慾求強制壓抑的後果，所以孩子們便在不知不覺之中，經常說些違心之論的謊言來！

這些單純的謊言，並無可厚非，大可不必花費工夫詳加追究。可是，如果成年人還像小孩子一樣隨意捏造謊言，問題就複雜了！

為什麼呢？這是因為人們天生就有一種隱藏自己行為、動機，並且不願外人知悉的心理。除此之外，人們對於自己的種種行為，

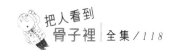

也會千方百計想出理由加以捍衛，使自己認定充滿正當性！

譬如，那些不受異性青睞的人，當他看到社會上性觀念日漸開放，就會伺機嚴加斥責，成天大肆批評，這是因為他對自己吸引異性的能力沒有信心，因而在心理上強迫自己相信性觀念開放是一種醜陋的事情！

在充滿自卑的狀況下，人們往往會尋求各種理由來進行心理建設，以防止自我崩潰。這種因為自己的慾求無法滿足，轉而藉著批判別人以獲得自我滿足的變相行為，精神分析大師弗洛伊德稱之為「合理化」的心理機制。

假如這種人對本身的魅力恢復自信，或者結交了異性朋友，自然就不會再嚴詞批評性觀念的問題了。

正如喜歡出口成「髒」或喃喃自語的人，是因為慾求不滿所造成的一樣，這種口是心非的批判心理，也如出一轍。

造成慾求不滿的因素，往往不是因為能力不夠，而是因為自己根本無法做到，只是當事者不願意承認這個事實罷了。

所以，他們就會尋求一些自己認為合理而又不傷自尊的理由來保護自己，儘管這些理由在別人眼中顯得荒謬絕倫，但是，他們根本不管這些，反而更加固執己見，逐漸地使這種心理屏障越來越堅實，以後就很難加以更正。

對於喜歡發表違心之論、高分貝批判別人的人，不妨以同情的角度看待，探測這類滿腹牢騷的「批判家」的真正慾求，有時也是一件相當有趣的事。

想要出人頭地，就不要死心塌地

想要出類拔萃，必須先接近對自己有利的人物，進一步則要接近更高層的有力人士，拋卻從前來往過的一些人物，保持新結交關係。

　　大凡能在競爭激烈的社會出人頭地、脫穎而出的人，多半不會將自己固守於某一定點。人的一生畢竟有限，能夠出類拔萃的人，就是能在短暫時間內，將晉升的距離縮短，或者增強向上攀越的能力。

　　長久停留在同一個位置上，不求變動，除了保持現狀之外，別無任何好處可言。而且，在同一個地方循環移動，對前途而言，也不可能有所裨益，因為，任何事情只要經歷一次即可，不必一再重複，這是出人頭地的首要原則。

　　所以，想要出類拔萃，必須先接近對自己有利的人物，一旦達成目的，進一步則要接近更高層的有力人士，拋卻從前來往過的一些人物，保持新結交關係。

　　這種晉升方法就像爬階梯一樣，一步一步地往上直竄。

　　有些急於出類拔萃的人，並不覺得一步一步往上爬是必要的，只利用適合於自己的某一部份，利用之後，關係亦告終結。

　　這種做法固然現實得嚇人，然而，但卻是現代社會中普遍存在的人際關係。

　　由此看來，爲了出類拔萃，凡事最好不要死心眼；在職場上與人推心置腹地深交，有時甚至會被認爲是愚蠢的事情。

　　這種立身處世的原則是，儘量在短時間內與眾多人物進行廣泛的交往，爲此，必須學會立即掌握他人心理的能力，養成不依賴別人的自立精神，同時也不能過分沉溺於感情之中而無法自拔。

　　也就是說，在這個十倍速變化的新時代，必須經常保持冷靜的自覺力，才能如願以償地盼期到出類拔萃的那一天。

PART 6

太過親密，
往往**虛情假**意

急功近利的人，

才會不怎麼理會對方的心情，

這樣的人是比較自私的，

通常和這樣的人無法成為真正的知心好友。

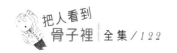
太過親密，往往虛情假意

急功近利的人，才會不怎麼理會對方的心情，
這樣的人是比較自私的，通常和這樣的人無法
成為真正的知心好友。

　　和剛剛認識的人馬上就能進行親密的談話，代表什麼意義呢？

　　我們和朋友談話，與跟剛剛認識的人談話，說話的語言自然
會不一樣，即使初次見面的對象是比自己年少的人，一般也會注
意自己的措辭。但是，有的人在初次見面的寒暄後，馬上就能無
拘無束地與對方進行親密朋友之間的談話。

　　一般來說，年輕人很少使用禮貌性的話語來說話。但是，如
果是一個在社會上工作多年的人仍用這樣的談話方式，那就會讓
人覺得很難理解了。

　　「你住在哪裡呀？可真遠呢，上下班很辛苦吧！」如果一個
和你年齡差不多的人，與你初次寒暄後就這樣對你說話，那你一
定會不知如何回應，很難這樣順著他的提問回答他：「如果是上
下班的尖峰期就很慘了。」於是只好回答他：「是的，很辛苦。」
但是，對方若又繼續問：「那麼你上下班不就累死了嗎？」你在
吃驚的「啊」一聲後，還是只能用含糊的話語來回答他，這樣的
談話會讓人覺得很傻。

　　其實，對方並沒有惡意，大概只是想製造出朋友般的氣氛，

希望能夠輕鬆地展開談話。這樣的人根本不會理會對方怎樣看自己，只是裝出與你是朋友的模樣。

初次見面的時候，不管是誰都會對對方有所警戒，因此態度和談話都會顯得比較見外，但隨著時間的流逝，相互之間進一步了解後，才會用比較隨便的方式談話。這就好像爬樓梯一樣，有循序漸進的過程。

沒有經過這種過程的人或急功近利的人，才會不怎麼理會對方的心情，一味按照自己的意願做事。因此，這樣的人是比較自私的，通常和這樣的人無法成為真正的知心好友，因為這樣的人不管碰到誰，都會擺出一副和每個人都是朋友的樣子。一開始，你可能會覺得這樣的人臉皮很厚，實際上這樣的人大多是不甘寂寞的。

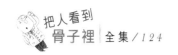

誇張，顯示一個人的慾望

有一種人把弄虛作假當做自己的第二職業，看起來好像都很風光，但實際上卻經常被人追債，這樣的人經常存在於你我生活之中。

　　一邊親密地接觸對方身體一邊談話的人，是怎樣的性格呢？

　　有的人即使是對第一次見面的人，也會很自然地接觸對方的身體，滿臉笑容地一邊和對方談話，一邊和對方握手或者拍對方的肩膀，似乎認為只有身體的接觸才是唯一的交流的管道。這樣的人一般都很有精力、很豪爽、也讓人覺得很喧鬧。

　　這種人一般是經過辛苦才上升到目前的地位，是很喜歡多管閒事的人，另外也可能那種看感人電影時會流淚，喜歡說教的人。

　　這樣的人認為只要依靠自己的力量，就可以不斷前進，所以都不怎麼聽得進別人的建議，而且總是喜歡講自己的豐功偉業。

　　以下的描述可能可以讓你的腦海中浮現出具體的形象：這種人一般在一流企業的白領階層中是看不到的，而更常見於一些中小企業的老闆或雇員、商店街的意見領袖或者是政治家……等。

　　這樣的人一般不會太關注周圍，性格上不太堅強。因為他們很喜歡侃侃而談，碰到這樣的人時，一定會聽他們說個不停。

　　不過，因為他們的本性是很善良的，所以在聚會上見面時，他們可能會挽著你的手臂帶你到處走，介紹你認識各式各樣的人，

雖然和這樣的人交往會很辛苦，但是這樣的人多半不會在小事上斤斤計較，也較不會記仇。

另外，對不認識的人也可以很熱情地和對方打招呼的人，又是怎樣的性格？

有一種人把弄虛作假當做自己的第二職業，總是在晚會現場左右逢迎，雖然看起來好像很引人注目，但是你會看到他不久前正和一個人說著話，不過一會兒又到另外一個地方向另一個人遞名片；你以為他在向主辦單位說著好話，但沒有想到他又到其他的朋友中間批評主辦單位：「這樣的晚會真是無聊極了。」而且他在說話的時候，還在不斷物色下一個目標，是個很不安定的人。

這樣的人一定是很想使自己引人注目，並有著很強的自我顯示慾望。這樣的人如果成為推銷員的話，一定能成功將產品推銷出去，可以說是對工作很熱心的人，業績應該也還不錯。

但是，如果碰到商品的售後服務或顧客的投訴時，這樣的人就很容易暴露出自己的弱點了，因為對於這樣自我顯示慾望強的人而言，他們總是想站到聚光燈之下，因此面對突然來臨的大宗買賣，可能會迅速地完成，一旦碰到顧客投訴的時候，他們卻會百般推託、逃避。

只要是能讓自己引人注目的事情，他們不管是什麼都會去做，但那些幕後的工作都會交給別人去做。

這些人看起來好像都很風光，但實際上卻經常被人追債，這樣的人經常存在於你我生活之中。

握手的方式代表著心思

在一些可以用點頭來表示的場合中還是尋求和對方握手的話，那麼這可以說明這個人是一個很積極的人。

用力緊緊握手的人具有積極的性格。

握手是比點頭問好更加親密的寒暄方式。比如說好幾年沒有見面的老同學在同學會上見面，為了迅速拉近彼此的距離，可能大家會互相握手，而且在分別的時候也會很自然地和對方握手告別。

現代社會，通過握手來寒暄的人也越來越多。握手並不是什麼特別表示親密度的行為，而只是一種再普通不過的寒暄方式。

雖然話是這麼說，但是在一些可以用點頭來表示的場合中還是尋求和對方握手的話，那麼這可以說明這個人是一個很積極的人。

他會積極對待對方，自己也希望對方用同樣的態度回應，因此想把這樣的心態通過握手這個動作表達出來。

和這樣的人握手時，會感覺到他緊緊握著你的手，而且用眼光來表示與你見面時高興的心情，並且這樣的心情會更進一步通過握手傳達給你。

就好像在同學會上和老朋友見面一樣，用真心來和對方握手

並希望能給對方留下好印象，這樣的人也同樣期待著這樣的效果，所以向你伸出了他的手。

至於沒有回應對方握手的人，則具有懶散的性格。

緊緊握住對方伸出的手是一種禮儀，對對方表示的好意同樣也用好意來回應是君子的做法，但是，如果你真心誠意地向對方送出「和你見面可真高興」的信號，對方卻沒有回應你，那麼你一定會覺得很沮喪。因為，對方的行為就代表著：我絲毫沒有想和你如此親密的意思。

當你伸出手想與對方握手，若對方只是輕輕握了一下，或者根本就沒有回應，可以認為這樣的人可能是想刻意表示出對你不感興趣。不過，通常如果對方對你抱有這樣的心態，在表面上還是會表示對你有親密感的，如果連這一點都沒有做到的話，那麼可以認定這樣的人是一個具有懶散性格的人。

此外，因為你已經向他伸出手了，他才迫不得已也向你伸出手來，這種行為好像就在告訴你：除了握手以外，他不想再和你交往。

這樣的人對自己不感興趣的事情都採取消極的態度，而且不管對方怎樣看待，都覺得無所謂。

這樣的人不管是作為你的同事還是部下，都會讓你覺得很難相處，如果要和這樣的人交往，就要尋找他的長處，然後從這一點切入才會成功。

通過對方笑的方式了解對方的性格

喜歡蔑笑別人的人在性格上有一定程度的缺陷，而嘴角歪向一邊地笑，正可以顯示出他們扭曲的性格。

即使在快樂的笑容當中也可以透露出一個人的性格，因為就和人的性格一樣，每個人的笑容也各有不同。人在笑的時候幾乎是毫無防備的，而這種時候隱藏的性格都會暴露出來。

因此，那些想要隱藏自己性格的人是不會輕易露出笑容的，看到有人在笑，他們常常想著：「連這種無聊的事情也覺得好笑，還笑得這樣難看。」這種人不會笑，並不是忍著不笑，而是完全沒有想要笑的心情。

不過即使是這樣的人，偶爾也是會笑的。比如說，聽相聲的時候這種人笑了，但是並不是因為相聲的內容才笑的，而是看到人們的笑臉才發笑的，是在取笑別人「嘴巴張得這麼大，簡直就像一個笨蛋一樣」。

別人摔倒了他們會取笑，別人失敗了他們也取笑，像這樣的笑，可以把它稱為「蔑笑」，通常這樣的笑容都是嘴角歪向一邊地笑，例如看到別人背著一個大登山包，就會認為別人「登山還特意背這麼大的包包，實在是一個愚蠢的人」。這樣想著，就會不自覺的歪著嘴巴蔑笑起來。

　　這樣的人實際上是在蔑視對方，有意想要顯示自己比對方要優秀，也可以說他們的笑是一種惡意的笑。喜歡蔑笑別人的人同時也很討厭被別人蔑笑，而為了避免自己的行為被別人取笑，他們在行為上常表現出消極的態度。

　　他們會覺得自己沒有做出這樣愚蠢的事情是很了不起的，當然，抱著這樣的心態去看整個世界，就不會有好奇心了。另外，他們對於不能夠接受「如此偉大的自己」的社會常常抱有不滿的心態，因此總是祈禱著別人會發生更為不幸的事情。

　　這樣的人在性格上有一定程度的缺陷，而嘴角歪向一邊地笑，正可以顯示出他們扭曲的性格，所以遇到帶有這種笑容的人一定得特別當心。

張口大笑的人容易交往

當你看到對方張開口大笑，不能就此斷定他就是開放的、豪爽的人，有一部分的人只是希望自己能讓人感覺他們是這樣的而已。

張開口大笑的人具有什麼樣的性格？

張開口大笑，甚至可以讓人看到喉嚨深處的人，一般而言擁有開放、豪爽的性格。不過，笑的方式只要透過練習就可以達到自己想要的模樣，如果你想要讓別人覺得你是一個豪放、磊落的人，那麼你只要練習張開口笑就可以了。

只要能拋棄害羞的心態，就可以達到你要的效果。

為什麼這樣說呢？這是因為即使在很膽小的人裡面也有人會張開口大笑，注意觀察一下就會發現，男性居然是占了大多數。

這種人的真實內心在危難的時刻會清楚展現出來，也許平時是張開嘴大笑的人，可是一旦到了危難時刻，就會表現出怯弱了，而且在大多數情況下，這樣的人只會慌慌張張、無所適從。

因此，當你看到對方張開口大笑，不能就此斷定他就是開放的、豪爽的人，雖然也會有人的性格與笑容表裡一致，但是請一定要記住，有一部分的人只是希望自己能讓人感覺他們是這樣的而已。

不過，不論是出於什麼樣的動機，這些人都並非是壞人，也

很有可能會逐漸變成自己希望的那種類型的人，至少這種人比起那些想要隱瞞很多事情而不笑的人，要容易交往多了。

至於不會張開口笑的人，又是什麼類型的人呢？

女性經常抿著嘴笑，這是因為她們認為抿著嘴笑會比張開口笑顯得淑女一些。但是，在男性面前採用抿嘴笑法的女性，如果置身女性朋友之間，也還是會哈哈大笑的，因此對這些女性而言，抿嘴笑也可以說是一種演戲。

不過，如果立刻就斷定這樣的人是表裡不一，也未免太過武斷了，因為不管是誰都希望自己可以給對方留下一個好印象，所以在第一次見面的人面前，是沒有辦法像在朋友之間那樣笑的。

讓我們來分析一下這樣的心理，就會發現其實還是含深層意義的。

想要給對方留下好印象的話，笑容是最直接的辦法。即使並沒有什麼有趣的地方，但是為了不讓對方有不愉快的感覺，於是勉強和對方一起笑，只是這種時候就沒有辦法張口大笑了，因為心中仍存在著警戒心，因此就會不由自主地抿著嘴。

這樣的笑法一般是在第一次見面的人面前，或者是在不怎麼熟悉的人面前才會出現，若是和對方比較熟悉後，對方仍然採取這樣的笑法，那麼就代表對方不想讓你看透他的內心，而這樣的人一般是警戒心很強或是內心非常怯弱的人。

笑的方式,代表不同心思

稍微低著頭嘻嘻笑的女性,多半是希望這種笑法能博得男性的歡心,是在向外界宣告她的可愛,或希望被大家疼愛,不想承擔責任。

哇哈哈大笑的人,一般都具有領袖的人格。

豪爽大笑的方式是一個人充滿自信的表現,如果沒有這樣的自信卻硬要做出這樣的笑法,就會產生很勉強的感覺。

虛張聲勢採取這樣笑法的人是可以輕易判別出來的,因為他們在笑的時候眼睛並沒有在笑,而只是聲音在大笑而已,所以聽的人會覺得很彆扭。

但對自己很有自信的人,他們的眼睛、臉部、整個身體都會在笑,只是有時會帶點太過自信的討厭感覺。

「你只要默默跟著我就行了。」有著這樣領導性格的人,一般都採取這樣的笑法,這樣的人很有老闆的氣派,但是不太在意細小的事情,也不能夠忍受那些被自己認為是不重要的事情。「你不要連這樣的小事情都一一來向我彙報。」這種類型的上司常會這麼說。

至於經常嘻嘻笑的女性,一般而言是八面玲瓏的美人。

稍微低著頭嘻嘻笑的女性,多半是希望這種笑法能博得男性的歡心,也可以說這是一種少女般的笑法。而如果是成年女性採

取這樣的笑法，那麼她可能是在向外界宣告她的可愛，或希望被大家疼愛，不想承擔責任。

這樣的人多半是八面玲瓏的類型，如果你問她：「妳現在有男朋友嗎？」她就會用嘻嘻的笑聲來回答你。

對於採取這種笑法的女性，男人可能會很容易就約到她們，但是在約會時也經常被她們放鴿子。

其實，她們並沒有惡意，只是她們多半都是很不負責任的類型。例如，她們在工作未完成時也不會加班，就收拾東西走人。如果你注意到這種情況而詢問她們時，可能她們會回答你：「好的，我明白了。」但是又會繼續心平氣和地說：「但是，今天請您無論如何要讓我早點回去，我今天有事情。」

這種類型的女性在高興的時候就會非常歡鬧，而一旦心情不好，就會一下子變得很消沉，連看都不看他人一眼。

雖然說她們的性格的確有點幼稚，但是如果沒有人寬容她們的話，她們是沒有辦法這麼任性的，所以恐怕是周圍的人都像愛護寵物一般的愛護她們，才造成她們這種個性。值得一提的是，如果周圍的人一直沒有改變對她們的態度，那麼這樣的女性恐怕就永遠都長不大吧！

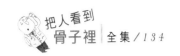
真心的笑與虛偽的笑

 味味的笑聲是一種帶有殺氣的笑聲，發出這種笑聲的人總是在壓抑著自己的真實感情，且只有在觀察對方反應時才會露出笑容。

呵呵笑的人，一般是碰到了好事。

既沒有什麼煩心的事情，也沒有什麼值得炫耀的事情的人卻呵呵笑著，那一定是因為事情進展得很順利，而情緒也很安定。

如果家裡有著年老的雙親，妻子又由於看護老人過於疲憊而患上了神經衰弱，且小孩子又離家出走，自己也被公司裁員的話，在這樣的狀況下，任何人都沒有辦法從心裡發出呵呵的笑聲。

能從心裡發出這種笑聲，可以說明這個人是很幸福的人。

不過，有時候，人是在笑的時候不知不覺地變得幸福了，這就是所謂透過有意識的發笑來治療的「精神療法」。

不管是怎樣小的快樂都可以，只要你能發出呵呵的笑聲，那你就會漸漸覺得之前煩惱的事情都是無聊的小事，並且在笑的時候也會變得開心起來。

無憂無慮地笑著的人，其實心裡一定也會有著大大小小的煩惱，但是他們積極地想把煩惱趕走，因此，如果你見到有人開朗地歡笑，別單純地認為他們一定非常幸福而沒有任何煩惱。

沒有煩惱的人是不存在的。但是，記得要歡笑，要學習這些

人積極樂觀的心態，因為能夠開朗歡笑的人，即使只是一個小小的喜悅也會讓他們覺得很珍貴，能夠從中體會到快樂、幸福。

至於哧哧笑的人，則很難與他們相處。這種笑法是前面所提到的蔑笑型。

「那個人連那樣簡單的事情都會被他搞砸了，哧哧。」如果有人這樣笑著和你說話，你一定會發現他們的眼睛會告訴你，他沒有打從心裡在笑。

哧哧的笑聲是一種帶有殺氣的笑聲，發出這種笑聲的人總是在壓抑著自己的真實感情，且只有在觀察對方反應時才會露出笑容。

在古裝劇中常有這樣的壞官員，一邊審問犯人時，一邊會問：「你認罪嗎？哧哧。」同時觀察著對方的反應。剛剛所說的大概就是類似這樣的場景，雖然他們的嘴巴在笑，但是眼睛卻盯著對方，猜測對方是什麼樣的心態。

這樣做的人恰恰反應他們猜疑心強烈的內在心理，基本上他們只相信自己，而對對方常常存有疑問，猜測對方到底是不是和自己是同一類人，不知不覺中這樣的信號就反應在笑容上面。

能夠一下子就消失也是這種笑容的另個特徵，通常對方在這個時候又恢復成滿臉猜疑的狀態，而且會用懷疑的眼光看著你做出下一步回答。

這種類型的人都不怎麼向外界透露他們的真正內心，所以你在他們面前也最好不要敞開自己的內心，對待這種人最好的方法就是用些無關痛癢的話應付。

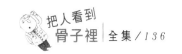

責怪自己，是為了依賴別人

總是把自己說成是錯誤的一方的人還是會不斷的重複錯誤，而一旦又犯了同樣的錯誤，還是又會做出同樣的迎合行為。

容易產生自卑心理的，到底都是怎樣的人呢？

人的真實的性格在平時的生活中是不會輕易表現的，因為在時間充裕的時候，性格可以得到隱藏。我們也都聽說過，平時總是悠閒地安排所有事情的人，一旦碰到地震，可能會一邊提著褲子一邊從廁所裡跑出來。由此可見，當人受到挫折的時候或者碰到危機的時候，才能看出真實性格。

有的人即使只是碰到小小的失敗，也一下子就顯得很自卑，總是責怪自己：「我真是沒有用的人，連我都討厭我自己，真是失敗。」

在這種時候，幾乎不會有人不留情面地回應說：「的確，就如你所說的那樣，你真是失敗。」一般人都會安慰道：「每個人都會有失敗的時候，你不要太放在心上。」於是，那個由於別人失誤而蒙受損失的人，反而變成了必須鼓勵對方的人，兩人的立場產生了逆轉的現象。

這就是心理學上所謂的「迎合行動」，是一種以迎合對方心理來掩蓋自己失誤的方式。「對不起，讓你也工作到這麼晚」或

者「哎呀，我真是糊塗」……等等也都是「迎合心理」的表現。

　　這種類型的人一般都想要把所有事情委託他人處理，依賴心也很強。雖然總是把自己說成是錯誤的一方，但那並不是他們的真實心聲，他們也未真的反省自己的錯誤，證據就是這樣的人還是會不斷的重複錯誤，而一旦又犯了同樣的錯誤，還是又會做出同樣的迎合行為。

　　「哎呀，我又做錯了。」他們一邊這樣說著，一邊輕拍自己的額頭。這樣的行為與其說是對自己的懲罰，還不如說是無意識地想要表現給對方看的迎合行為，所以和這樣的人交往之前，要做好心理準備，因為他們是依賴心很強的人。

越不行的人越愛批評

一味責難對方並把責任都推到對方身上的行為，多半正是對自己沒有信心的表現。正是因為知道自己沒有辦法做到，所以就站在批評的一方。

人性是醜陋的，越卑鄙的人越會刻意扮演高尚的角色，越不行的人則越會推卸責任。

推卸責任的外在表現，就是任意批評別人。

隨便譴責對方的人有怎樣的缺點？

有的人總是不喜歡承認自己的錯誤，總是會說：「那個時候我不是說得很清楚了嗎？」而把之前的事情拿出為自己辯解，想要把責任轉嫁到別人身上。

如果你覺得很不滿並回答說：「我當時可沒有聽到你說什麼。」那麼他可能就會再說：「我當時明明已經說了，你為什麼沒有好好聽我說呢？」於是最後就變成互相爭執。

事實上，這種一味責難對方並把責任都推到對方身上的行為，多半正是對自己沒有信心的表現。

但是，讓人覺得很意外的是，這樣的人充斥在各大小公司，大都不怎麼引人注目，一般都沒有能力把大家召集起來，而且正是因為知道自己沒有辦法做到，所以就站在批評的一方。

「你這樣做沒有問題吧？」或者「我也不知道以後會變成什

麼樣子。」他們總是說著這樣的話語來逃避責任，這樣的人絕對不是一個很好配合的同事，因為當發生失誤時，可能就會產生如「那你自己一個人做吧」或者「難道你想要推卸責任」這樣相互責難的結果。

可以斷定這樣的人不適合擔任領導工作，因為他對自己沒有什麼信心，只能按舊規章進行工作。另外，只關注瑣碎的手續並對周圍人的評價不怎麼在意的人，也是一種缺乏自信心的展現。

打電話的方式會暴露出每人的性格

用肩膀夾著電話,而兩手空出來做其他的事情,一邊講電話一邊還能夠做其他的工作,表示有很強烈想向外界表現自己的意識。

　　從肢體語言,我們可以迅速研判出對方是怎樣的人,只要多加觀察週遭人物的肢體動作,久而久之就能推測出他們最真實的心理狀態。

　　通過拿話筒的動作,也可以看出對工作的態度。

　　在打電話的時候,如果電話裡的人朝著你大聲咳嗽的話,那麼你一定會想「是不是感冒了」。但是,就是因為透過話筒和對方談話,所以經常會誤認為對方離你很近,因而做出錯誤的判斷。

　　有的人講話時是拿著話筒的上方談話,這樣的人大多為女性,而且這說明比起談話的內容,她們更注意和對方的距離感,也無意識地表示了「我不想在你身邊說話」這樣的心情。

　　由此可以推測,比起工作的內容,這樣的人更在意工作環境中的人際關係。

　　相反的,也有人拿著話筒的下方講電話,比起聽對方說話,他們更注重的是自己所說的話,也可以說他們把話筒當成是麥克風來使用了,這樣的人通常是不顧一切地想要開展工作的類型。

　　有的人講電話時,會用兩隻手握著話筒。這樣的動作向周圍

的人表示他正在打的電話是與工作無關的私人電話。

而有的人是用一隻手握著話筒，而另外一隻手掩著嘴巴，這是在說些什麼悄悄話的特徵，不太可能是在談公事，有可能是在約定約會的地點，或者在說他人的壞話。總之，如果是在上班時間用這種方式講電話，那麼就可以說明這樣的人沒有什麼想要工作的心思。

一邊捲著話筒的電話線一邊談話的人，又是怎樣的性格呢？

這種人通常是陽奉陰違的人。比如說你剛從外面回來，看到一個女性在辦公室裡邊用手捲著話筒的電線邊講電話，而在到你進來時就說：「關於這件事情，我待會兒再打電話給你。」然後就慌慌張張把電話給掛了。

用手捲著電話線就是她正在用公司的電話進行私人聊天的最好證明，因為如果是公事的話，一般不會超過三分鐘，也就不會一邊捲電話線一邊說話了。

對這種類型的人而言，比起工作，她們更想要和朋友們聊天，或談論一些無關緊要的話題。但是，她們一邊聊天又一邊用手指捲電話線的動作，又顯示出她對談話內容並不是非常關心，也就是說純粹是為了解悶而已。

這種類型的人最希望上司不要交代一些重要工作給他們，最好只讓他們做一些輕鬆的工作就好了，而他們講電話的方式正露骨地表明了他們不想工作的心態。

打電話的時候，用肩膀夾著電話話筒的人，心理狀態是怎樣呢？

當電話鈴聲一響，有的人就馬上用右手拿起話筒，並夾在左邊肩膀上，對對方說：「你好，我是某某。」

在一般情況下，接起電話時會先通報公司或部門的名稱，這是常識，但是這種人卻先通報自己的姓名，這就表示他們是很想表現自己的人。

這樣接電話的姿勢就是用肩膀夾著電話，而兩手空出來做其他的事情，一邊講電話。心理學家解讀，一邊還能夠做其他的工作，表示有很強烈想向外界表現自己的意識。

不過，有些人把電話話筒夾在肩膀上面，會覺得太小了，於是就得把頭傾斜到一邊，這樣的姿勢，其實只是想要做做樣子而已，畢竟如果真的要記筆記的話，那麼用左手拿話筒，右手就可以記了，即使是正在打電腦，也是可以空出一隻手接電話的。

這種接電話的方式顯示出，既想要做這件事情又想要做那件事情，這樣的人多半是中途而廢、三心二意的人。也許可以說，比起工作的內容，他們更陶醉於似乎很有能力來完成工作的自己。

PART 7

如何**聽**出別人在**想什麼**？

巧妙地分析對方談話的口氣、速度、聲調，

探究對方的內心正在想些什麼，

這是增進人際關係的要點。

如何聽出別人在想什麼？

 巧妙地分析對方談話的口氣、速度、聲調，探究對方的內心正在想些什麼，這是增進人際關係的要點。

　　和別人交往過程中，只要讀懂對方的言行，其實僅從談吐、遣詞用字方面，就可以窺視對方的內心狀況。

　　因為，談吐的方式會反映出一個人當時的心理狀態，越深入交談，愈會暴露出他的原本面目。因此，仔細觀察談吐方式、遣詞用字，是探知一個人真正性格和心理狀態的重要依據。

　　當話題進行至核心部分時，說話的速度、口氣，就是我們探知對方深層心理意識的關鍵。當然，說話的聲調也是不可忽視的要點。

　　巧妙地分析對方談話的口氣、速度、聲調，探究對方的內心正在想些什麼，這是增進人際關係的要點。

　　不同身份的人有不同語言。有的人說話粗俗下流，有人說話謙恭有禮、有條不紊，有的人說話內容豐富真實，當然也有人一派胡言，或內容空洞、不知所云。總之，人說話的時候，就反映出他究竟擁有什麼內涵。

　　高貴優雅、氣度非凡的人說話溫和流暢，表示他們常用文雅的應酬用語。然而，這類人應分為兩種，一種人是表裡如一，一

種是口是心非。

後者很多是外表高尚而內心醜惡的人，他們不願被對方察覺自己極力掩飾著的目的，所以才使用文雅的口氣說話。

相反的，談吐粗俗的人顯得比較單純。這種類型的人，無論對上司或部下，對同性或異性，都不改談吐方式，喜歡就喜歡到底，討厭也討厭到最底。

此外，在初次見面的情況下，這種人的好惡表現也相當明顯，不是表現得很不耐煩，就是親熱若多年摯友。

除此之外，說話說到傷心處就哭哭啼啼、一把鼻涕一把眼淚的人，依賴性非常強烈。這種人儘管平常表現得和藹可親，善於交際奉承，但實際上非常自私、任性，大多屬於不受歡迎的角色。

好掉淚的人有一個屢試不爽的看家本領，就是以半哭半泣聲調，打動別人的惻隱之心，以達到自己的目的。這種模式是一輩子都改不了的。

不聽對方說話，只顧自己滔滔不絕、口沫橫飛的人，則屬於強硬類型，這種人只要在說話的時候，別人肯「嗯、嗯」地靜靜聽他說，就可以得到好感。這種人的最大弱點就是自尊太強，經常喜歡搶先別人一步。

有的人不善言辭，說起話來支支吾吾，這一類型的人有時是因為缺乏表現力，無法巧妙地表達自己想要說的話，有時則適個性陰柔、思考深沉、度量狹窄。更有的是欠缺智慧，或者精神上有某種缺陷。

從說話態度推測一個人的性格

說話抑揚頓挫變化激烈的人，通常有卓越的說服力，給人善於言詞表達的感覺，但這也是自我表現慾望強烈的證據。

一個人說話的聲調和速度非常重要，可以從中觀察出他的心理狀況。

要是對方說話的速度放慢，表示他對你有所不滿。相反的，說話速度加快，則是他在人前抱有自卑感或話中有詐的證據。

突然快速急辯也是同樣的心理。例如，罪犯在說謊時，根本聽不進旁人在說什麼，只會滔滔不絕地為自己辯護。因為，他們有不欲人知的秘密藏在心裡。

也有人說著說著，突然提高了音調叫道：「連這個都不懂！這個連小學生都會的你也不懂！」

像這樣惡形惡狀的咆哮，是期望別人服從自己；相反的，假如音調突然變得低聲下氣的話，則是自卑感作祟，或膽怯、說謊的表現。

說話抑揚頓挫變化激烈的人，通常有卓越的說服力，給人善於言詞表達的感覺，但這也是自我表現慾望強烈的證據。

說話小聲、言詞閃爍的人具有共通的特點，如果不是對自己沒有自信，就是屬於女性性格，和低聲下氣的說話類型心理相似。

也有的人喜歡在一個話題繞個沒完、扯個不停，就算你想阻止他繼續說下去，明白地表示：「我已經了解你要說的意思了！」他卻絲毫沒有停下來的樣子。這種說話的方式，是害怕對方反駁的證據。

也有的人只會隨便附和幫腔，例如：「你說的沒錯！」「說得是！」……等等，這種人根本不理解別人在說些什麼，同時對談話的內容也一竅不通。

如果你在說話時，有人在一旁當應聲蟲，你必須明白這一點才行。要是你誤以為對方了解你的談話，那你就變成丑角了。

每個人說話都有一定的特性和習慣，常用的詞語與字眼，往往反映出說話者的性格。在談話中常使用「我」的人，是自我表現慾相當強烈的人。

在對話中，大量摻雜外文的人，可能在知識方面相當廣泛，但也有可能是一知半解，只是藉此遮飾自己的才疏學淺。

也有人喜歡用「我認為」、「我想」的口氣，這種人看似慎重，其實是膽怯的象徵。

這種人個性陰晴不定，對別人的警戒、防衛心理也相當強烈。初見之下，似乎和藹可親，但是當你放心地與他親近時，他又會擺出一副冷若冰霜、瞧不起人的姿態，所以和這種人相處需要相當謹慎。

除此以外，一見到女人就刻意表現出溫柔親切的態度，或有意無意說出性方面用語的人也不少。

在女性面前，突然以謹慎恭敬的口氣說話的男人，都屬於雙重性格的人，這種人通常在職業上被壓抑，例如學者、醫生、律師、政客……等腦力勞動者居多。

　　至於說話中從不涉及性方面用語的人，並不表示他們特別純潔高尚，這種人往往是繃著面孔的假道學，與這種人交往，更應特別小心。

設法改變別人對你的印象

嚴格說來，我們對生活中所接觸到的每個人，
都會存有一種想法，而這種看法一旦固定，便
不易消除。

　　人的內心經常對別人下定位，例如，將某人視爲學術界第一
把交椅、不入流的低級作家、三流的政治家、小本經營的生意人
……等等。

　　此外，我們對四周的人也經常會有某種特定的印象，可能將
他視爲誠實的人、喜歡撒謊的人，也可能將他看做細心體貼的紳
士，或者居心叵測的小人。

　　嚴格說來，我們對生活中所接觸到的每個人，都會存有一種
想法，而這種看法一旦固定，便不易消除。

　　美國前總統尼克森，在第二次競選總統時，曾經爲了民眾對
他的印象而大感困擾。尼克森少年得志，年紀輕輕就受到艾森豪
的器重，當了八年的副總統，博得無數的欽羨與讚美，在美國群
眾的心目中，他是一個極富才幹，而又年輕有爲的政治家，一個
少見的人才。

　　但是，一九六〇年，由於他與當時在政治界沒沒無聞的甘迺
迪角逐總統，卻不幸以些微的差距敗陣下來，自此以後，人們對
他的印象產生一百八十度的大轉變。

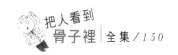

「鬥敗的公雞」是大家對尼克森的觀感。或許受到這種印象的影響，後來連加州州長的競選，他也慘遭滑鐵盧。

敗給甘迺迪後的第八年，他再度出馬角逐總統寶座時，第一件工作便是設法消除人們心目中「鬥敗公雞」的觀感。他標榜的口號是「新尼克森」，就是要把尼克森再生的印象，透過各種宣傳深植於選民心中。

群眾心目中那個言詞莽撞、陰沉狡詐、不值得信賴的「舊尼克森」，在選戰策略專家重新塑造下，變為言詞得體、鮮明開朗，並且充滿自信，值得大家信賴的嶄新印象。經過一番「洗心革面」後，尼克森果真順利當選，成為美國總統。

政治人物是江湖郎中的翻版

江湖郎中和政治人物都擅長「部分刺激法」，可以使對方的注意力集中在某一點上，而快速產生一種信任感。

大家在廟會或大拜拜之類的活動時，必定都看過那些江湖郎中的賣藝把戲。

這些江湖郎中在賣藝表演之前，多半會先來一段開場白。這一類的開場白十分有趣，有位心理學家經過調查，並收集了不少資料，發現這些江湖術士的宣傳口號，大都具有一定的原則，並且有著源遠流長的歷史！

這些跑江湖賣藝的郎中，大多數是叫賣成本極為低廉的劣質藥品，各有一套唬人騙人的說詞，而且有趣的是，這些廣告詞還非得用「喊」的不可，若是印成傳單，根本起不了作用。

舉例而言，一個高明的江湖郎中，如果他賣的是膏藥，一定不會說：「本膏藥可治好任何疑難雜症！」因為，這種「萬靈丹」式的廣告詞已經不流行了。

他們會說的是諸如此類的宣傳語：「本藥膏專治跌打損傷，一貼見效！可是，你若是患了重感冒，還是趕緊去看醫生，本藥膏不治感冒！」

群眾聽到這種說法，多半會留下深刻的印象。

心理學上稱這種方法為「部分刺激法」，它可使對方的注意力集中在某一點上，而快速產生一種信任感。

如果經常在電視機前觀賞政治人物的表演，我們就會發現，他們的姿態，幾乎是江湖賣藝者的翻版。

當我們了解這一點，以後就不難在政見發表會上看出那些候選人，正淋漓盡致地使用「部份刺激法」說服選民。

妥善發揮印象的力量

 印象的力量的確非常可怕，要斷言一個人時，
最好先用心觀察，對方給予的印象究竟是實相
還是虛相，如此才能正確的認識一個人。

　　你遭遇的人，可能比你想像中優秀，也可能比想像中差勁，
沒實際求證過，單憑第一印象加以判斷是相當危險的，經常會被
表象欺騙。

　　許多人都說「印象」不可靠，因此並不重要。

　　在某種意義上，的確是如此。因為，通常「印象」可以蓄意
製造，或是表演出來。尤其是演藝人員中所謂的「清純玉女明
星」、政治上所謂的「清廉代議士」等，這種印象經常令人十分
懷疑，通常它是掩蓋實際情況的一種虛假形象。

　　但是，並非所有「印象」都是這樣，以美國前總統尼克森為
例，雖然他給人的印象與現實不符，可是此種印象卻會讓人訝異，
有時能創造出奇蹟。

　　例如，一個看起來一點也不像校長的人，有一天突然被任命
為校長，雖然大家有點不敢相信，但是最後卻發現，這位校長正
逐漸地將自己塑造成一般人心目中所認為的校長模樣。

　　這一點，與其說是他發揮出自己的才華，倒不如說「校長」
這個職位的印象，影響周遭的人，使大家自然而然視他為校長，

而他本身也按照校長的刻板印象採取行動，並想像校長的當然作為。

這麼一來，他便會產生出與以前未當校長時迥然不同的人格，也就是說，這是由於刻板印象的作用，創造出了另一個人。

印象的力量的確非常可怕，因此當我們要斷言一個人時，最好先用心觀察，對方給予的印象究竟是實相還是虛相，如此才能正確的認識一個人。

別讓「腳部姿勢」洩露你的心事

在現實生活中，每一個人都有自己不同的走路姿態，從不同的姿態中表現出不同的性格特徵。

　　坐時將一隻腳的足踝疊放在另一隻腳的足踝上，兩者緊緊相扣，表示的是一個人正在壓制著負面的態度、情緒、緊張或恐懼。

　　我們不難見到，在面試時，大多數應徵者會出現這樣的姿態，表示他們在努力克制自己的情緒或心情。

　　一位律師說，在法庭上，他常看到聽證之前，與案子有關的人幾乎都是兩足踝緊緊扣地坐著，他也發現，那些人都在等著發言，或是在努力控制情緒。

　　空中小姐對於真正需要服務卻又羞於啟齒的旅客，似乎具有獨到的辨別能力。許多空中小姐說，她們能從旅客緊緊扣著的腳踝中看出他的緊張與不安。這個人或許會在空姐端咖啡、茶或牛奶給客人時，把腳踝分開移向左邊。如果他的腳踝仍然緊緊交疊，她們多少會感覺這位沉默的客人其實可能需要服務，會立即問他：「你真的不需要嗎？」

　　在交談中，如果發現對方出現了扣著足踝的姿態時，可以經由遞茶、遞煙的方法，使對方解除心情緊張、壓抑的狀態。否則，難以實現預定的談話目的。

走路能夠走出一個人的性格來，這句話一點不假。

在現實生活中，每一個人都有自己不同的走路姿態，從不同的姿態中表現出不同的性格特徵。

一個人很快樂，他會走得比較輕快；一個人心事重重時，走起路來往往會顯示出沉思的姿態，比如頭部低垂，雙手緊握在背後，腳步很慢，甚至可能停下來撿起一張紙看看，然後再丟掉。

一個自滿或傲慢的人，步伐可能謹慎而遲緩，下巴抬起，手臂誇張地擺動，而腿是僵直的。一個端莊秀麗的女子，走起路來、匆匆忙忙，腳步重而且亂，可以斷定，她一定是性格開朗、心直口快不留心眼的人。

曾經有研究者指出：「在一般情況下，要判斷對方思想的彈性如何，只要讓他在街上走走，就能了解了。」

因為，走路最明顯的能反映出一個人的性格。

目不斜視地朝目的地前進的人，一般具有內向型的性格，關心自己重於關心周圍的一切，不注意目的地以外的事，受到先入為主的思想約束，想法缺乏彈性。

溜達遊玩式地向目的地走的人，一般是外向型的人，對於周圍所發生的訊息及任何事情，都能彈性地接受。

溫情攻勢最容易獲得同情

 普通人往往不忍心看到有權有勢的頂尖人物表現出柔弱的一面。很多政客了解這一點，便使出種種手段，博取群眾同情。

　　日本有句俗語說：「即使是魔鬼，也會流淚」。這句話的意思是說，個性再倔強的人，也有脆弱的一面。

　　我們只要稍微留意一下，很容易在生活中發現有很多人，在別人的心目中是粗暴型的人物，常常為了一點芝麻小事而大發脾氣，與人爭執不休。可是說也奇怪，只要我們施展溫情攻勢，他們的蠻橫態度馬上就會軟化。

　　這是因為東方人天生就是一副軟心腸，總是不忍心拒人於千里之外，並且往往在溫情攻勢中，萌生惻隱之心。

　　許多政治人物深深懂得這層道理，經常在電視上表演「脆弱的一面」，動不動就掉眼淚，甚至痛哭流涕。不明就裡的人，看了他們的即興表演，還會以為他們受了什麼天大的冤屈呢！

　　許多觀眾看到他們脆弱的表現，惻隱之心不禁油然而生，其實，這是他們早就安排好的「宣傳伎倆」。群眾很容易被這種態度弄糊塗，使得一般人對他們擅長謀略的印象轉變為親切和善良。

　　普通人往往不忍心看到有權有勢的頂尖人物表現出柔弱的一面。很多政客了解這一點，便使出種種手段，博取群眾同情，使

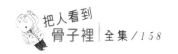

群眾充分地發揮「母性的本能」，以達到自己的目的。

　　不只政客擅長這種「溫情攻勢」，就連一般吃軟飯的無賴漢也深諳其中道理，他們會隱藏起無賴的本性，而故意露出自己軟弱的一面，引誘女性萌發母性的本能，不由自主地為他們賣命！

　　說也奇怪，這些常常故意表現得脆弱的人，就是有辦法讓別人為他們效命！

侵犯別人的「地盤」會引起反彈

我們平常在選擇位置時，最好識趣一點，不要
隨便侵犯別人的地盤，以免受到激烈的反擊。

　　當我們身處於熱鬧的街道、百貨公司，或是坐在車內時，經
常會不自覺地採取某些捍衛自己的姿態，亦即以身體爲中心劃出
屬於自己的地盤，而且會有刻意加以維護的心理存在。一旦有人
不經意或故意侵犯了自己的「地盤」，我們的心中就會產生不悅
的感覺。

　　以自己身體爲中心的地盤，當然是眼前的部份較爲寬闊，背
後部份較爲狹小。因此，人們對於來自前方的刺激，警戒、對抗
的意識較爲強烈，而對於身旁和兩側的動靜，則較爲不敏感。關
於這一點，我們只要觀察坐在PUB吧檯前喝酒的人，通常對鄰座
的人不加以理睬，就可得到證明。

　　基於這種心理因素，大多數候車室座椅的設計形式，一概都
面向前方，儘量避免讓乘客面面相對，這道理就像是當一個人坐
在公共汽車上，常常感覺和別人面對面坐著，實在是一件極爲彆
扭的事情一樣。

　　平常上下班的時刻，由於乘客極多，一般人好不容易上了車，
視線在迅速逡巡之下，只要一發現有個空位，馬上就會坐上去，

不會在乎這個位置是好是壞。

　　除了這種特殊狀況之外，任何人上了車，都會選擇一個以自己身體區域為中心，並且將視線最為寬闊的一隅，視為理想的座位坐下來。

　　如此經過選擇的座位，不管是角落或靠側邊的位子，都是為了避免人們的注視，同時身體也能倚靠，藉以鬆弛精神。

　　很顯然的，這種意識完全是以自我為中心而規劃「地盤」，使別人不至於侵犯自己。所以，我們平常在選擇位置時，最好識趣一點，不要隨便侵犯別人的地盤，以免受到激烈的反擊。

不斷觸摸身體是說謊的證據

人類是脆弱而又自戀的動物，為了要隱藏自己
的弱點不被別人視破，所以總是在下意識之
中，以觸摸自己的身體做為掩飾。

　　美國前總統尼克森被迫下台之前，「水門事件」展開嚴厲調
查，當時他在國會上接受審問，經常出現一種非常明顯的慣性動
作——老是不斷地用手觸摸自己的臉頰及下巴。

　　捲入「洛克希德賄賂事件」，而被迫下台的前日本首相田中
角榮，也有類似的舉動，當他小心翼翼地反駁別人的攻擊時，會
頻頻拿手帕拭汗。

　　人在情緒激動的時候，全身都會冒汗，一般人會認為流汗現
象是生理上的因素，但是，心理學家卻指出，心理因素恐怕才是
田中角榮身體不斷冒汗的重要關鍵。

　　類似這種不正常的流汗現象，以及用手托著下巴、撫摸下巴
的動作，可以說完全是心理作用的表現，有人甚至認為這是一種
心理上的自瀆行為。

　　人性是深奧難解的，儘管有的人平日表現出信心十足的模樣，
喜歡誇口炫耀，但內心仍有脆弱的一面，而且時常在無意識中，
以各種肢體動作將這些秘密表露無遺。

　　為了掩飾自己的弱點，某些人在許多場合之中，會不由自主

地觸摸身體的某一部份，心理學家將這種行為稱之「自我親密性」，也就是一種壓抑心理所造成的自我安慰行為。有的人獨處時，經常兩手環抱雙膝，落寞地坐著，無疑的，這種姿態也意味著強烈的自我安慰。

人類是脆弱而又自戀的動物，為了要隱藏自己的弱點不被別人視破，總是在下意識之中，以觸摸自己的身體做為掩飾，所以，喜歡用手觸摸身體的人，內心一定隱藏著不為人知或不願向人透露的秘密。

也有許多人在交談中或演說中，為了儘量克制自己，強制自己不要去觸摸身體的任何部位，所以他們始終保持直立不動的姿勢，例如希特勒、墨索里尼等梟雄人物，就是如此。不過，這種強制性的做法，也說明了他們刻意隱藏真實想法的企圖和主宰別人的野心。

每個人的心裡都有「地盤」觀念

人類和其他動物不同之處，除了要維護自我的地盤以外，最大的特徵還可以利用一些小道具來顯示自己的心理狀態。

　　人們一心想要隱瞞的事情，有時卻會在無意識的行為上表露出來。

　　如果，我們更進一步研究，或許就會發覺，其實就因為人們心裡想說的話，通常無法直截了當地說出來，因此潛意識裡才藉著各種肢體動作來傳達。

　　這正是我們必須研究肢體語言的原因。

　　比如在擁擠的公車內，一名男性正好面對面地與一名職業婦女挨著站在一起，如此親密的接觸，必然會讓這名男性心裡產生遐想：「除了性行為之外，還有什麼時候能和此刻一樣貼近這位女性呢？」

　　要是這位男性公然將心思流露出來的話，一定會被人斥為色狼或變態，因此，他只好把視線轉向別的地方，或者不斷地望著車廂內的廣告，似乎要以這種姿態向那位女性表白：「我絕對不是個色狼或性變態！」

　　這就是一種以肢體語言，試圖撇清自己的腦內絕對沒有性幻想，也無意侵犯對方「地盤」的最好例子。

　　當人們彼此接近，而感覺對方存在的時候，或多或少會透過
肢體傳遞某些訊息，傳遞訊息的對象，不一定得具有任何特殊關
係。比如夫妻、師生或店員與顧客之間，甚至前面所提到的公車
上碰巧相遇的男女乘客，互相都會產生這類肢體語言。

　　所以，只要感覺對方的存在，彼此就會開始傳達心理上的某
些訊息，這些訊息有時是毫無意義，有時也可能是好感、厭惡、
拒絕或尊敬……等等不同的念頭。

　　這些訊息透過肢體語言傳達出來，我們可以迅速研判出對方
是友好或是懷著敵意。當然，具有高超觀察能力的人，在人際關
係中相當有利。

　　不知你是否有過這樣的經驗，當咖啡店客滿的時候，不得不
跟一對情侶共坐一張桌子時，如果細心觀察對方，你將會發現一
些很有趣的情形。

　　這時，這對情侶會產生兩種念頭，一個是想維護自己小天地
的自私念頭，另一個是必須接受第三者入侵這個小公共場合的無
奈感。

　　為了使這兩個念頭不相衝突，下意識中，他們將會產生如此
的行為：為了讓對方知道他們是一對，所以坐在右側的男性，會
將右腿架在左腿之上；相反的，坐在左側的女性，會將左腿架在
右腿之上，兩人同時向內圍成一個小天地！

　　這種腰部以下的防衛行為表示，他們拒絕第三者的打擾；但
是腰部以上，他們卻不得不面對著第三者，表面上顯示願意接納
對方，只有在他們互相交談的時候，才轉過頭去面對著面。此外，
他們會將自己的杯子挪向自己這邊，很明白的表示出彼此互不侵
犯的意思。

　　我們可以發現一點，就是每一個人在人際關係中，自身心理上的空間佔有很重要的意義！老實說，這種心理上的空間，就是人與動物都具有的「地盤」觀念。

　　人類和其他動物不同之處，除了要維護自我的地盤以外，最大的特徵還可以利用一些小道具來顯示自己的心理狀態，例如，我們剛剛所說的咖啡杯，就是這類的工具，其他如辦公室裡的隔牆、屏風，都是技巧地利用地盤意識製造出來的！

PART 8

賣力，有時只是
為了掩飾心虛

人是最會故作姿態的動物，

發現某個人工作相當賣力，

但是卻毫無效率，

你就必須深入了解，

他的賣力是否只是為了掩飾心虛的演技。

賣力，有時只是為了掩飾心虛

人是最會故作姿態的動物，發現某個人工作相
當賣力，但是卻毫無效率，你就必須深入了
解，他的賣力是否只是為了掩飾心虛的演技。

當某個人氣喘吁吁地向你跑過來之時，你一定會以為發生了
什麼麻煩吧！其實，並不盡然是如此，有時這只是掩飾自己的姿
態罷了。

A先生是一名業務員，最近的業績相當糟糕，但是，最近四、
五天以來，他總是在下班之前，喘著大氣跑回公司。

一回來，就裝著非常忙碌地整理桌上文件，然後又唉聲歎氣，
一副相當懊惱的樣子，讓別人以為他拚命地跑業績，運氣卻一直
很差。

「A先生，你今天的情況如何呀？××公司你拜訪過沒有？
他們有意再下訂單嗎？」課長看著一整天似乎馬不停蹄的A先生，
如此問著。

「沒有，課長！他們的存貨還不少，所以一直不肯再下訂
單！」說著說著，他又唉聲歎氣起來，好像自己相當賣力，已經
費了九牛二虎的力氣，但對方卻一直毫無反應！

可是，課長察言觀色後，卻不免產生懷疑。因為按照常理，
工作如果進行不順利，不可能像A先生那麼生氣勃勃地回來，應

該是意氣闌珊，垂頭喪氣地拖著腳步才對！因此，課長懷疑Ａ先生根本就是在演戲。

第二天早上，課長禮貌性地打電話給對方的採購部經理，故意說：「昨天我們公司裡的Ａ先生曾去拜訪貴公司，他是否遺忘了一本手冊在你們公司裡啊？」

「沒有啊！Ａ先生這半個月來始終不見人影，不過昨天他來過電話！」

於是，課長再度調閱Ａ先生的營業報表，逐一打電話詢問來往的公司，結果赫然發現Ａ先生最近半個月裡，從不曾拜訪任何客戶，但是，他為何每天都假裝工作得很累的樣子呢？

在課長嚴厲的盤查之下，Ａ先生當然無法給予合理的交代，最後只好坦承私自利用白天的上班時間和一名女子熱戀約會中，因為害怕秘密洩漏，所以每天下班之前，就佯裝疲憊不堪、滿頭大汗的樣子跑回公司。

但是，他的這種做作態度，由於和實際工作成效無法吻合，反而弄巧成拙，當然引起課長的懷疑了。

人是最會故作姿態的動物，所以，當你發現某個人工作相當賣力，但是卻毫無效率的時候，你就必須深入了解，他的賣力是否只是一種為了掩飾心虛的演技。

形勢會影響一個人的態度

如果能技巧地分辨各種人際關係不容逾越的範
疇，就不至於做出冒犯別人的事情來！也不會
因而錯過了應該把握而並未把握的機會！

　　當我們與一個地位高出自己許多的人交談時，直覺上，我們
會認為對方是個偉大的人。但是，地位並不是絕對的，而是相對
的，會隨著形勢改變改變。

　　比如，私下感情密切的朋友或兄弟，由於場合的差異，彼此
的地位也會出現距離。此外，有些人平時看起來懦弱無能、萎靡
不振，有時卻會由於場合的不同，而會搖身一變，顯得威風凜凜、
高高在上。

　　其實，人本身並沒有變，變的是場合與環境。

　　一般而言，地位低的人，通常難以接近地位高的人。例如，
公司裡的基層職員，不能任意出入總經理室，但是，課長與課員
之間，就沒有太大的距離。

　　因此，當我們有機會和地位高的人會面的時候，必須留意自
己的態度，不要逾越應有的分際，否則，就算當時對方並未有不
悅的神情，但是未來你可能會在某個時間點遭受到他的反擊，這
一點是我們必須特別留意的事情！

　　地位懸殊的兩人雖然彼此私下常常親密地相處，但場所一旦

不同，尤其是遇到正式的場合，可能彼此想交談都有困難了。

由於場合的變化，有的人變得很容易親近，有的人卻會顯得道貌岸然，一副不可一世的樣子。這種變化，並不表示個性上出現轉變，而是因為環境的差別所致。

或許我們可以說形勢決定一個人的態度，每一場合都有其特殊氣氛，一走進那種場合，人們自然就會表現出符合該場合的特有態度。

正因為人與人之間的關係，常常因場所的改變而改變，又由於每個人所接觸的場合有所不同，因此社會上才有各式各樣的人際關係存在。

如果能技巧地分辨各種人際關係不容逾越的範疇，就不至於做出冒犯別人、愧對別人或擾亂人際關係的事情來！也不會因而錯過了應該把握而並未把握的機會！

肢體會洩露你的秘密

懂得運用身體語言的概念，洞悉別人內心深處所隱藏的意志和感情，然後進行各種心理分析，將有助於我們更加了解人性。

　　很多人在玩牌時都有過這樣的經驗，當自己拿了一副好牌時，心裡自然非常高興，但又怕被別人識破，因此會儘量要求自己保持鎮靜，可是，不自然的肢體動作卻不經意地宣洩自己的秘密。

　　有位精心研究肢體語言的專家說，當一個人的情緒陷入異常的興奮、緊張、憂傷、恐懼之時，手腳、唇齒會不由自主地顫抖，即使平常頗為鎮靜的人，也無法遏制這種「洩密」的肢體動作。隨著情感的變動，人的身體會產生各種不同的複雜變化。由於過分緊張，手腳就會發抖、手心會出汗、心跳會加速，尤其手掌上的汗腺，並不只是在酷熱天氣才會出汗，只要情緒緊繃，就會敏感地產生汗液。

　　這些現象都是自律神經所產生的反應，自律神經是大腦無法控制的自動裝置，測謊器就是運用這種原理製造出來的。也就是說，當人受了外來的感情刺激，自律神經馬上就將訊息傳達到身體各部位，同時在無意識中，表現出許多無法克制的細微舉動來，而這些微妙的肢體變化，就是我們察言觀色時所要把握的重點。

　　在這些微妙的舉動之中，例如嘴角稍微的歪曲、手指間持續

的彈動，都足以說明心理上的種種狀況。

　　肢體語言學專家認為，人們內心深處所盼望的事，一定會經由肢體動作表現出來。因此，平時我們就有必要細心觀察生活周遭每個人物的姿態及動作，揣測他們的心理變化和隱藏在內心深處的最真實想法。

　　譬如，雙手交疊於胸前，或者兩腿僵硬不動的人，表示他的心理緊張，有排斥對方保護自己的念頭，至於不時觸摸身體各部份，即暗示他的心中一定有所不滿，喜歡伸展身體、摺疊手邊紙張、細物的人也都有著類似的心理狀態。

　　懂得運用身體語言的概念，洞悉別人內心深處所隱藏的意志和感情，然後進行各種心理分析，將有助於我們更加了解人性。

否定的話語暗藏複雜的秘密

人們在說謊或隱瞞事實時，心理就會有所防衛，由於擔心自己的心防被突破，因此言語自然都很簡短。

當一個人遭到質疑之時，嘴裡不斷重複說著簡短的否定句，正代表著他的心中暗藏著許多不可告人的秘密。

有些人非常善於遮飾隱瞞，但我們仍然可以根據心理學，尤其是肢體語言，發現他們心中潛藏的秘密。

人們在說謊或隱瞞事實時，心理就會不自覺地進行防衛，由於擔心自己的心防被突破，因此，脫口而出的言語自然都很簡短，例如：「我不知道這件事情！」「我早已忘記了！」「我完全沒有印象！」「根本沒這回事！」等等。

總之，當他們要否定某件事時，回答總是簡短而有力，這是說謊的人共同的心理特徵，不必要的話一句也不說。

那麼，這些簡短的答話，含義究竟為何？

其實，這是一種模糊焦點的心理戰的問題，因為，連續而又短促的回答，會加深發問者的好奇、不安與焦慮，無形之中只顧著發問，而忘了自己的目的所在。

但是，只要冷靜地觀察他們說話的語氣和態度，簡短的否定句頗耐人尋味，很顯然的，他們的表情說明了他們急於隱瞞某些

事實。

有的人說謊之時，會習慣性地搔頭，特別是耳朵上方的部位；或是將手帕、紙巾拿在手上把玩，有的人則會不由自主地牽動嘴角。

這一類不經意的動作和表情，以及撫摸身邊物品的現象，雖然往往只是瞬間的表現，但卻是一個人急欲隱瞞事實，在交談中表露於外的「肉體證據」。

一般而言，人試圖掩飾真象的時候，雖然答話很短促，但是說話之時的表情及動作卻有著微妙的變化，此刻，會有一種無法用言語傳達的想法，隨著肢體動作流露，在在向身邊的人表達：「我正在說謊！」

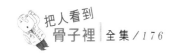

利用「應酬」觀察對方

性格對行為會有很大的影響力，而行為則是決定成功或失敗的關鍵。多了解合作夥伴或競爭對手的性格，便可以做出較為準確的推算。

在互動頻繁且情勢變化快速的現代社會，人際關係就像一把雙面刃，必須學會說話做事的各項技巧，確實運用於每個需要溝通的場合，讓身邊的同事、上司、下屬或是交涉的對象都成為最好的助力，而非最大的阻力。

擅長操縱人心的人，必定懂得發揮語言的威力，讓自己無往不利。我們不難見到，無論是政界、商場、學界，或是其他領域，最受人歡迎的，永遠都是善於運用言語力量的佼佼者。

懂得語言藝術的人，知道巧妙引導別人接受自己的想法，順利達成目的。相反的，不懂得語言藝術，就只能眼睜睜看著自己陷入人際困境，寸步難行。

在商務活動中，為了獲得某種利益，有時必須營造特別的人際氛圍。

有人認為商場就是赤裸裸的金錢關係，根本就不存在人情，所謂商務交際只講「利益」，而不講「道德」。

這種說法既不準確，也不全面。我們必須知道，感情聯絡乃是商業交往不可缺少的潤滑劑，誠實與信譽更是生意人的無價之

寶，它能發揮事半功倍的效果，甚至能獲得金錢所不能達到的功效。

同時，你也要明白商場如戰場，因此在商務交際中得多加提防，不可沒有防人之心。如能認真處好自己的人際關係，它會為帶來滾滾財源！

閑筆、閒章，對於文學作品來說，有時候會發揮很好的輔助作用。因此，有些小說或文章，總會插進一些閑筆。

閑筆，並不等於無用之筆，自然有一定的意義存在。

商務交際，就是商人們在商務活動中的閑筆。它與文學作品中的閑筆一樣，看似「閑」，其實也很有作用。

商務交際，是以另一種場合、另一種氣氛來推動商務的活動。

有些商人在商務交際活動時，有著與平時截然不同的表現。例如，有的人平時沉默寡言，在商務交際活動中卻談笑風生；有的人平時道貌岸然，但在交際應酬時遇上美麗的女性，卻會說出有失身分、有損人格的話來。

商務交際活動對於商人來說，是有其必要的，在應酬中可以觀察一個人隱藏的部分，把人看得更全面。

想要觀察一個人，首先得讓他把平時在工作環境裡看不到的一面表現出來，這樣才能把你想了解的人看得更透徹。

有的人認為，商務交際活動不是正式場合，可以隨意、放鬆些，有時喝了一些酒，趁著酒興，言語、舉動便少了許多約束，真實性情的一面也就不知不覺地流露了出來。如此一來，無論是生意上的合作夥伴或是競爭對手，都能把他的真實性格看得更清楚，對以後彼此關係的演變會有很大的轉變。

《孫子兵法》說：「知己知彼，百戰不殆」，所謂的知，包

括了對自己與對對方性格的了解。一個人的性格對行為會有很大的影響力，而行為則是決定一個人成功或失敗的關鍵所在。因此，多了解合作夥伴或是競爭對手的性格，便可以在心裡對他做出較為準確的推算。

　　商務上的交際活動，其實就是在相互觀察對方。因此，每一個生意人都應該認真看待商務活動，仔細觀察其他人的性格，絕對不可以掉以輕心。

如何解除別人的心理武裝？

揭露自我的缺點，可以巧妙地引導對方喚醒這種本能欲求，使對方向你透露本身的弱點和秘密。

每個人都有不爲人知的一面，或多或少都有些個人的秘密隱藏在心裡。譬如，一個成就顯赫的人，通常不願別人探知他過去的歷史，諸如工作方面曾經遭遇失敗，或血氣方剛時犯下的大錯、肉體上的缺陷……等。

每個人都有自己的理由不願被人察知某些事，因此，個人的秘密便隱藏在心底，越藏越深。

正是由於個人的心事不願外露，所以人往往裝出一副毫無弱點的樣子來與人交往，時時刻刻小心翼翼地武裝自己。不過，當我們解除自己的心理武裝，毫不掩飾地袒露自己的缺點，對方自然也會以輕鬆的姿態和我們相交。

通常，人對於故意掩飾的行動，常會投以有色的眼光，還可能故意往壞的方面聯想。但如果我們本身不再掩藏什麼，而是坦誠相見，向對方表達信賴與好感，對方自然也會展現誠意。退一步說，即使對方不懷好意而來，面對解除武裝、曝露缺點且採取低姿態的一方，也肯定會將惡意轉變爲好意。

如果你的對手防禦嚴密，而且表現得毫不通融的時候，你不

妨先洩露自己的弱點，使對方解除戒心。即使經常以嚴肅態度板起臉孔斥責下屬的上司，只要你轉變態度，以信賴的姿態與他們交談，也會使工作意外地順利進行。

人類一方面將自己不願讓人知道的秘密嚴密地隱藏，一方面又渴望將自己的秘密告訴某人。其實，秘密是內心相當沉重的負擔，長久不安是很痛苦的事情，把心裡的不幸、不滿向相知的人傾吐，是人類本能的欲求。

法國思想家司湯達說：「向隨便什麼人徵求意見，敘述自己的痛苦，這會是一種幸福，可以跟穿越炎熱沙漠的不幸者，從天上接到一滴涼水時的幸福相比。」

揭露自我的缺點，可以巧妙地引導對方喚醒這種本能欲求，使對方向你透露本身的弱點和秘密。

辦公室的「野花」別亂採

假如對方是個打扮得花枝招展的女秘書，你必須先了解她周圍的情況，看看是否「名花有主」，再決定是否該發動攻勢。

　　小王和總經理的女秘書雅麗打得火熱，雅麗在公司是出了名的美女，小王感到很得意，死心塌地愛上她，盤算著與她結婚。萬萬沒想到的是，他突然接到派往國外的調職命令。

　　小王想不通，因為他的外文能力不強，為什麼上司要派他去，並且一派就是三年。

　　但是，他並不特別難過，打算在出國之前先與雅麗結婚。於是，他鼓起勇氣向雅麗求婚。

　　「我不是再三地交代你嗎？我們之間的事一定要保密，想不到，你還到處宣揚我們的事。」

　　聽了雅麗的話，小王猛然醒悟過來。

　　「告訴你實話也無妨，你之所以調往國外，並不是陞遷，而是總經理覺得你礙手礙腳，想一腳將你踢出去而已……」

　　「總經理早就對我很好了。但是，我已經快三十歲了，你的出現讓我覺得人生有了依託，我正盤算如何與總經理結束這段不正常的關係，想不到你……總經理知道你和我的關係，氣得火冒三丈，所以便決定把你調到國外去。」

　　「既然如此，為什麼不乾脆和我結婚？」小王感到錯愕，氣極敗壞地問了一句。

　　「那怎麼行？總經理一定不肯的，萬一他把你開除，我們倆還有什麼前途？」

　　就這樣，小王垂頭喪氣地獨自到國外赴任去了。

　　公司的女秘書，尤其是總經理或董事長「專屬」的漂亮女秘書，碰一碰都是危險。如果對方是年輕貌美的女性，則危險就更大了。

　　「以她的薪水，怎麼穿得起那種昂貴華麗的衣服？」

　　如果你有這種懷疑，就要格外小心。假如對方是個打扮得花枝招展的女秘書，你必須先了解她周圍的情況，看看是否「名花有主」，再決定是否該發動攻勢。

食慾也能反應人的心理

一個人心理上的滿足與不滿足，其實可以從他的食慾觀察出。恐懼與不安，使他求助於食物，藉以發洩心中的不滿。

有些女性的食慾特別好，由於進食過量的甜食，身材一天天圓胖起來。

心理學家指出，導致食慾旺盛而饑不擇食的原因，有相當程度是因為性方面的慾求不滿所引起的，也就是說，她們藉著口慾填補自己的空虛，因而變得臃腫肥胖……。事實證明，食慾確實能反應一個人心理上的滿足與否。

例如，許多有犯罪傾向的人，都有雜食、偏食或慢慢享用食物的習慣，這一點是心學家根據長期觀察所下的結論。

有位心理學家指出：「觀察一個人吃飯的方法，就可以了解他的為人。」

事實的確如此，譬如一個喜歡囫圇吞棗的人，給人的印象往往就是隨便輕率。

有一個心理輔導專家曾經說過一個真實案例。

有一個少年離家出走，完全與學校、家庭脫離關係。警方調查他這段期間的行動之後，發現了一個相當怪異的現象，他對飲食特別感興趣，而且饑不擇食。

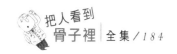

　　這位少年由於偷竊而被逮捕，訊問過程中，他一再強調的就是：「我經常覺得肚子十分饑餓！」

　　但是，據警察調查的結果顯示，這位少年的家庭屬於中上階層，父親是高級公務員，母親是個賢慧的家庭主婦，此外，他還有一個姊姊，從小是在富裕溫暖的家庭中長大。

　　心理輔導專家經過進一步深入調查後，發現改變這位少年的一項重要原因是，有一天他聽到一個長輩不小心說溜了嘴的傳言——大家都懷疑這位少年不是父母的親生子。這位少年在震驚之餘，從此開始有了不法的行為以及反常的食慾。

　　心理學家說，這種近乎饑渴的感情需求，改變了這位少年的日常行為，恐懼與不安的心理，使他求助於食物，藉以發洩心中的不滿。這個真實案例證明，一個人心理上的滿足與不滿足，其實可以從他的食慾觀察出。

別人為何會「岔開話題」？

對方會將話題岔開，大致上有三種情形。一是
因為心不在焉而岔開，二是突然產生了其他聯
想而岔開，另一種則是故意將話題引到別處。

在這個「詐者生存」的時代裡，有些人為了達到目的，往往
會在臉上戴著面具，不讓別人看出自己的心思。很多時候，表面
上對你越客氣、越有禮貌的人，骨子裡越可能暗藏著算計你的卑
鄙行徑。

在社交活動中，不論是什麼情況的會面，大都會因為工作關
係或時間限制而無法盡興，一旦對方談話脫離了主題，自己心中
就會焦慮著如何改變對方的話題，如何進行手上該辦的事。

性急的人，每當對方脫離談話主題時就會顯得焦躁，並努力
想辦法要將談話拉回本題。但是，如果想了解對方的內心想法，
引出對自己更有利的結論，這種做法就顯得不夠聰明。

對方會將話題岔開，大致上有三種情形。

一是因為心不在焉而岔開，二是突然產生了其他聯想而岔開，
另一種則是故意將話題引到別處。

這些情形，都說明了對方的興趣和注意力，已轉向別的焦點。

因此，對於對方的談話不要打斷，讓他繼續述說一段時間。

如果是第一種情形的話，不久之後，對方會對於自己的離題

感到非常詫異。

　　第二種情形中，因為本人並沒有忘記主題，所以能自然地釐清聯想與主題的關係；如果隔一段時間之後，對方仍然不回歸主題，就可以判斷為第三種情形。

　　運用這種方法的收穫是，乍看之下是很浪費時間精力的「離題談話」，也可以成為了解對方心思的一個絕好機會。

設法記住別人的名字

成功人士的經驗告訴我們，記住別人名字的多少，與交往範圍的大小、事業的成敗成正比。

　　美國激勵作家戴爾‧卡耐基曾經說：「在交際場合中最簡單、最明顯、最重要、最能得到好感的方法，就是記住別人的名字，使他有受到重視的感覺。」

　　因此，要使對方有一見如故的感覺，最好、最快速的方法就是牢牢記住他的名字。

　　沒有比被忘記姓名更殘酷的事情，忘掉別人的姓名，等於是將他忘掉一樣。一個人之所以希望對方記住代表自己的姓名，無非是希望對方記住自己。

　　所以，對於能夠記住自己姓名的人，一般都會存有幾分好感。

　　戴爾‧卡耐基在《打動人心》一書中也寫道：「使耳朵響起最悅耳的音樂，是有關自己姓名的音響。」

　　的確，記住對方姓名是有百利而無一害的。

　　至於記住姓名的竅門為：印象、重複＋聯想。

　　開始時先抓住對方的印象，然後描出輪廓，並小聲、重複地唸對方的姓名，在交談中插入對方的姓名。

　　至於聯想，則是設法與某些事物相關連，藉以牢牢記住。

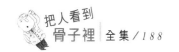

　　成功人士的經驗告訴我們，記住別人名字的多少，與交往範圍的大小、事業的成敗成正比。政治家記住幕僚和群眾的名字可獲得擁戴，管理者記住下屬的名字能指揮自如，教師記住學生的名字可贏得威信。任何一個人，記住自己所結識過的人的名字，都會受到對方的喜愛。

　　進入新的交際圈並能成為別人好朋友的人，無疑是那些記住並互相稱呼姓名的人。總之，能記住姓名是建立人際關係不可或缺的條件。

PART 9

細心觀察對方的心理變化

言語本身其實並無關緊要，
但是，萬一說出來的時機不對，
隨後就會引起難以收拾的對立局面。

躲避別人的視線，是為了隱藏自己

有種人喜歡閃避別人的視線，追究這種心理因素，是因為這種人不習慣被別人注視，深怕別人會從他的眼神中讀出自己內心暗藏的秘密。

　　一位知名的國際導演曾說，一部成功的電影，除了演員的演技必須精湛之外，「眼技」也相當重要，許多扣人心絃的影片中，演員的眼神流轉就發揮畫龍點睛的效果，增添了不少戲劇張力。

　　所謂的「眼技」，就是眼睛的表演技巧。

　　在日常生活中，巧妙地運用眼神，具有相當重要的情感交流作用。雖然職業演員對於眼睛的運用較爲得心應手，但對一般人而言，只要持之以恆地練習，眼睛也可以成爲情感交流的重要媒介。

　　相對的，只要我們細心觀察，也不難發覺，其實不同種類的眼神，分別傳遞著不同的感情或訊息。

　　觀察一個人的眼神，最重要的是必須先觀察他的視線。

　　視線即眼睛注視的方向；眼睛轉動的方向有異，帶給人們的感覺也就不同。關於這一點，專家們的研究結果已充分地加以證實。

　　譬如，一個人眼神渙散，視線流動不定，就意味這個人內心起伏不定、心思複雜或者萌生邪惡的想法。根據資料顯示，犯罪

者應訊之時的眼神，多屬這種類型。

　　有的人喜歡閃避別人的視線，追究這種心理因素，是因為這種人不習慣被別人注視，深怕別人會從他的眼神中讀出自己內心暗藏的秘密，有時連偶而的瞥視也不願意。在心理學上來說，這是一種試圖隱藏自己的心理反射動作。

　　從這個角度而言，與其說眼睛是靈魂之窗，倒不如說視線是靈魂之窗更為貼切。

　　視線可以相當明確的表示出自我意識，譬如我們睜開眼睛一下，然後隨即閉上，這種姿態意味著信任，而當我們的視線居高臨下，則含有保護和訓誡的意味。

細心觀察對方的心理變化

言語本身其實並無關緊要，但是，萬一說出來的時機不對，隨後就會引起難以收拾的對立局面。

有時候，不管人們之間的感情多麼的和諧融洽，也會處於對立狀態。例如，平時兩位相交甚篤的男士，一旦發現對方暗戀自己太太的時候，恐怕很少人能以坦然的心情再與對方交往下去。

又如，本來認為對方是嬌柔體貼、一心想讓她成為媳婦的女孩子，有一天真的成了自己的媳婦時，婆媳之間反而經常會為了一些瑣碎小事，生對方的氣。

這種對立關係的發生，源自產生關係之前的互相交往。

換言之，人們由相識、往來而產生某種關係時，就已萌生了對立之根，而且隨著關係越深，對立的情形也越甚。

有個年輕人，結婚第二年時，發生了家庭困擾。他結婚的時候，因為對方是位頗為出色的女子，而且雙方經由自由戀愛而結婚，因此，一直以自己婚姻美滿而驕傲。但最近，家庭氣氛突然變了，他甚至懷疑自己的婚姻是否出了毛病，終日煩惱不堪，不知如何是好！

其實，問題發生的原因，只是一件芝麻綠豆般的小事，但卻因而引發了一些隱藏的問題。這就像戰爭爆發，總是因為小事而

牽引出來一樣。

事情是這樣的，有一天，他的母親突然對媳婦說：「如果妳將長髮剪短一些，不但能配合妳的身材，而且更像個年輕少婦！」

問題發生了！媳婦答話時未經深思，冒冒失失地就說：「可是，我的父親常說我留長髮比較好看！」

言語本身其實並無關緊要，但是，萬一說出來的時機不對，隨後就會引起難以收拾的對立局面。

媳婦無意中提起自己的父親，使得婆婆感觸良多，想起了一年前去世的丈夫，由此卻聯想為：「如果丈夫還活著，媳婦今天也不敢如此對我說話了！」於是，由自怨自艾而產生了對媳婦的不滿之情。

年紀輕輕的媳婦又怎能了解婆婆錯綜複雜的心理因素呢？於是，她們之間的對立關係，使夾雜其中的兒子及丈夫左右為難，痛苦難堪。

要想了解一個人的心理變化，需要花費相當多的時間及精力，否則當然會產生誤解，而導致彼此怒目相視。

許多從小過慣養尊處優生活的人，從不曾為複雜的人際關係擔心，因此，他們也不會嘗試著去了解別人的心理。

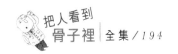

利用小動作對付惹人厭的傢伙

 有許多人利用一些不討人喜歡的小動作，來暗示對方應立即打住談話，尤其對方是個惹人討厭的傢伙時。

有位肢體語言專家一走進一個團體，馬上就能找出領導人物來。

這是因為他有相當豐富的經驗，能夠經由察言觀色找出團體中的關鍵人物。

他表示，能夠成為代表人物，基本上有以下三種特徵：

1. 是一個負責服從，措辭莊重嚴謹的人。

2. 沒有不良的動作，譬如跟人講話時雙腳搖晃，或者用筆敲桌子……等等。

3. 大家意見紛雜時，不表示反對的意思，即使反對，次數也非常少。

這位肢體語言專家說，領導人物所應具備的這三個條件，最重要的是第三點，這顯示出他具有相當寬闊的包容力。

至於第二點，在肢體語言學之中也頗為重要，大抵而言，喜歡做些毫無意義小動作的人，交流能力並不佳，而且這些現象並不會隨著年齡的增長而漸次遞減。

根據肢體語言學顯示，喜歡做些無意識小動作的人，正表示

他根本不注意傾聽對方的講話，這種漫不經心的態度，即使是親朋好友之間的交流，也會帶給對方不悅的感覺，是我們應該特別留意的細節。

當然，也有許多人利用一些不討人喜歡的小動作，來暗示對方應立即打住談話，尤其對方是個惹人討厭的傢伙時。

譬如交換交叉的雙腿，不斷撫摸下巴，或者用手搔鼻，拿出紙巾來擦臉……等等動作，可以一邊聽對方談話，一邊把這些肢體語言傳達給對方，讓他知難而退，免得浪費彼此的時間。這也是回絕推銷的好方法，因為這些舉動，無形之中會在交談時產生心理屏障，而不能達成買賣行為。

但以這種方法來構築心理上的屏障，雖然能產生作用，達到自己的目的，卻會給人一種幼稚而不成熟的觀感，這種情形就和演員扮演比自己年輕許多的角色時，必須透過各種矯揉造作的的小動作來表達劇情是一樣的。

謊話說了一百次，就會變成「事實」

在我們的生活週遭裡，將謊言當做真實的人，其實為數不少，甚至連我們自己都有這種傾向而不自知！

　　有一項統計數據指出，在美國，成年人每個星期會說謊十三次。

　　人們常常撒謊的心理，往往是想逃避討厭而不愉快的過去，雖然這些回憶都是自己親身的經歷，但當事者卻會極力予以否定。

　　例如，對於失戀的傷心地，一般人通常選擇從此不再涉足，當有人問起那個地方時，就會信口撒謊說從沒去過，甚至還會胡亂批評那個地方的物價太高、骯髒不堪……，毫無旅遊價值可言。其實，這種批評，無形中已經洩漏了自己對那個地方憎恨已極的心情。

　　比較嚴重的狀況是，不斷撒謊以後，到最後連自己也深信謊言是真實的。

　　譬如，許多殺人犯因為害怕受到法律的制裁，便會極力為自己辯護，由於一直強調自己無罪，最後竟在不知不覺之中，強迫自己忘記曾經殺過人了，對別人的詢問總是理直氣壯地說：「我從來沒有殺過任何人！我是冤枉的，我沒有罪！」

　　這種心理狀態，就是對某種願望懷著強烈期待的心情後，轉

變而成的幻覺，弗洛伊德稱之為「願望性思考」。最常見的例子是，明明是假話，但是當事人卻在反覆的心理建設之下，硬將謊言「事實化」了。

這種心理若是以上述的殺人犯為例的話，他們必定會說：「我根本不曾犯罪，是警察刑求誣賴我，使我成了警方的犧牲品，我一定要告發警察這種屈打成招的惡行！」在不斷自我催眠之下，他們會更加堅定自己的信念，使得外人難以辨識真偽，由於他們撒謊時沒有不安的神態，以及閃爍不定躲的眼光，甚至連測謊儀器也不一定有效。

在我們的生活週遭裡，將謊言當做真實的人，其實為數不少，甚至連我們自己都有這種傾向而不自知！

聰明絕頂的人只是「三等人物」

明末碩儒呂新吾在《呻吟語》裡說：「深沉厚重，魅力十足，這是第一等的大人物；不拘細節，磊落豪雄，實力超乎眾人，這是第二等；聰明絕頂，辯才無礙，這是第三等人物。」

在商務活動中，免不了要與形形色色的人打交道，自然在心中會對各色人等作出評判，然而，若是有人問起「一個人的魅力究竟在哪裡」時，你該怎麼回答呢？

這個問題並不容易回答，一時之間也難以說得一清二楚。

魅力的確是存在的，但世界上多得是虛假、短暫的魅力。

明末碩儒呂新吾（呂坤）對這個難以言喻的「魅力」下了快刀一語。

他在《呻吟語》裡說：「深沉厚重，魅力十足，這是第一等的大人物；不拘細節，磊落豪雄，實力超乎眾人，這是第二等；聰明絕頂，辯才無礙，這是第三等人物。」

機靈透頂，人人稱讚的所謂「才人」，在呂新吾眼中只能列為第三等人物。

日本經濟團體聯合會會長士光敏夫說：「人的秘訣在於不斷跟對方白刃相交。我每天都跟形形色色的人白刃相交，所以，這個人的實力超過傳聞，或是那個人的實力不如謠傳那樣，都能夠辨識清楚。這就像動物的嗅覺一樣，時日一久，自然而然成為一

個人的第六感觀。」

　　士光敏夫說得那麼信心十足，究其緣由，完全是根據呂新吾的這些評語而來。

　　的確，身為經營者，必須能夠明辨真假、誇大或是虛張聲勢；自己要喜怒不形於色，卻能善於觀察對方的神色、語氣等微妙的變化，從中探析對方真正的意圖。

　　唯有先天上具有這種優異能力的人，或是後天精於此道的人，才有資格領導別人。從這個觀點上說，《呻吟語》無疑是觀人術的指標。

　　你在商務社交中，可要細細觀察，找到真正值得交結的人，倘若能找到一個願意與你共生死的朋友，對你的人生而言，是一種幸運。

爽約，有時是因為猶豫不決

在人際關係中，最不可靠的就是好惡的感覺，如果只靠這種感覺維繫彼此的感情，人際關係立刻就會破壞殆盡。

　　你是否有過這類經驗：當你跟朋友或情人約會時，對方卻毫不介意地爽約不到？如果，你以為這是對方根本不在意你或存心作弄你的話，未免言之過早了。

　　有時，我們不妨將對方爽約的行為解釋成「忸怩作態」。

　　當人們對某個特定對象採取疏離的態度時，有兩種可能的心理狀況：其一是根本不再關心對方，其二是表面上疏離，但心裡卻仍然惦記著對方，所以在猶豫不決之時，表現出一副忸怩作態的樣子。

　　這二種的人通常希望別人主動來接近他、適應他，擺出這種被動的姿態，其實是等著別人來關心他！

　　但是，這種被動姿態在人類社會之中，反而會使別人和自己漸行漸遠，不敢採取任何行動。因此，與人交往時，與其忸怩作態，倒不如保持一貫的立場，反而能激起別人採取積極行動與你接近。

　　話又說回來，人類畢竟是群居的動物，長時間的故作姿態、孤立自己是不可能的事情，所以不管這種姿態是有意或無心，只

要持續觀察其行為，假以時日就可以對其中的涵意了然於胸。

例如，男女朋友之間的約會，如果一方突然爽約，我們可判斷這是「撒嬌」的行為，尤其發生在女性身上時，更可以這麼認為！

另一種忸怩姿態，是不懂得採取正確的態度來適應周圍的環境。這種人的主觀意識十分強烈，自己以為不管態度如何，別人都應該接受。如果有這種念頭的話，那就是一種怪癖了。

在人際關係中，最不可靠的就是好惡的感覺，如果只靠這種感覺維繫彼此的感情，人際關係立刻就會破壞殆盡。因為，喜愛轉變為憎恨之情，往往只是一線之隔，因此撒嬌和忸怩作態是充滿危險性的。

因此，在我們的朋友當中，不管對方是男是女，較一般人擅長撒嬌或故作姿態者，我們可以認定他們都是屬於危險性的人物。

因為，他們故作姿態，往往是為了要求更高的回報，這些代價有時不一定是物質上的，而是彼此之間的心靈距離問題，也就是說，他們試圖深入別人的心靈深處。

一個人如果不能堅守自我防線，隨意讓別人侵入擾亂生活領域，這比被別人奪去財物還要可怕。

不要陷入曖昧不清的男女關係

牽扯上男女關係，很容易就讓一般人聯想到
「性」。只要兩人之間稍有某些牽扯，立刻就
會被戴上不名譽的帽子，大肆渲染一番。

對許多男性來說，最具危險性的就是女性！

我們常常可以見到，許多從事政治活動的男性，本來應該會
有光明美好的遠景，一展雄才抱負，可是常常因爲捲入桃色糾紛
而前功盡棄。

社會上最糟糕的現象是，一旦男女之間關係密切，很容易就
讓一般人聯想到「性關係」。只要兩人之間稍有某些牽扯，立刻
就會被好事之徒或懷有敵意的對手戴上不名譽的帽子，大肆渲染
一番。

男女之間的某些舉止，在局外人眼裡，往往代表了男女之間
有親密關係的象徵，即使事實並非如此，當事人也極力澄清，但
是流言蜚語總是難以平息！

因此，不管是男性或女性，和異性朋友往來最好謹慎言行，
否則將招致無法洗清的誤解與冤枉。

許多中小企業家，往往就因爲與女秘書之間出現一些不太正
常的跡象，以致於遭到妻子懷疑兩人之間有染。事實上，許多人
和女秘書之間的行爲，根本就只是公務來往，但是，某些肢體跡

象卻構成嫌疑，使人否定當事人的人格，認為他們是道貌岸然的偽君子！

世界上有一種很「認真」的人，所謂「認真」的定義，並不單指個人的所有物品、服裝、言語等都力求一絲不苟，其中還包括始終一致的個人活動時間及肢體動作，如果，有一天他打破了慣例，立刻就會被別人冠上不認真的定義。

男女之間的關係之所以會遭到懷疑，就是因為有些逾越常軌的情形，而被認為兩人存有曖昧，當事人只能徒呼無奈了。

譬如，有一天，一位年輕的企業家留宿辦公室，睡覺時脫下衣褲鞋襪。隔天，有潔癖的女秘書上班時，看到這些衣物四處亂散，就順手撿起這些衣物，而且擅自洗濯起來。這種行為看在別人眼裡，必定認為她是以「親密愛人」自居做此事，兩個人的關係似乎非比尋常。

其實，在男人的眼裡看來，洗洗襪子、手帕等小東西，根本沒什麼大不了，但對女性而言，這卻代表著男女之間的親密關係。

又例如，女性替男人穿外套，在女性看來，也是一種具有特殊含意的行為，因此，在工作場合與異性互動，必須保持一定的距離，不要太過雞婆，否則接踵而來的閒言閒語，將會使你百口莫辯啊！

讓座，代表著修養的火候

 在非正式場合中，能技巧地處理席次問題、懂得讓座的人，我們可以說他對人性的了解，已經具有相當的火候。

　　人的人際關係，往往會明顯地表現在日常生活中，甚至內心的想法及底細，都會在一言一行中展露無遺。譬如，從讓座的行為就可以看出一個人的修養火候。

　　「近年，年輕人都不注重禮貌了。」這是任何時代的老人都會說的一句話。

　　年輕人比老年人比較不注意讓座禮儀，也不講究席次問題，例如，最近年輕人流行的飆車行為，就足以說明年輕人對危害別人的生命安全、擾亂別人的安寧，絲毫不放在心上，更別談禮貌與否了。

　　很多人都認為，自己大可不必拘泥繁文縟節，在非正式場合中一再禮讓，表現出過分謙虛的作風。但是，在禮貌與修養上，這麼做才是識大體的行為，否則場面會顯得尷尬難堪。

　　要定非正式場合的坐席順序，比正式場合困難多了，而且不管多麼講究民主的社會，還是不能免除安排席次上的問題，因為，每個人都有被別人尊重的潛在意識。

　　但若要別人心甘情願地讓位給自己，必須在自己不表示任何

意見，並且不侵害別人自尊的情況下才能入座，否則就有失厚道。

有很多人認為，現代的年輕人不自動讓座給老人，是一件可恥的行為。

必須強調的是，讓座是一種修養，不能視為強制性的規定。

許多身體衰弱的老人，當然值得我們讓座給他們，以表敬老尊賢，但有些頗有衝勁、紅光滿面的老人，如果站在自己面前，擺出一副倨傲的態度，意思好像在說：「讓座是你們應該做的，趕快起來吧！」那麼，即使年輕人起身讓坐，心中也是頗不情願的！所以，希望別人讓座的人應該知所警惕才好！

總之，在非正式場合中，能技巧地處理席次問題、懂得讓座的人，我們可以說他對人性的了解，已經具有相當的火候。

只要有團體就會有派系

 人類與生俱來就有實現自己想法的慾望，也就
是組織團體並賴以生活的強烈需求，而在實現
了自己的理想之後，從其中獲得下意識的快感。

　　最近，如何消除派系與政黨惡性鬥爭的問題，經常被學者專
家拿來當作話題討論，結果不得不承認的一點是，不論時代和環
境如何改變，人類天生就具有組織派系、團體的本能與慾望。只
要有人，就會有團體，只要有團體，就會出現派系；派系現象早
已不可動搖的存在於人類社會中。

　　集團中的各個派系，往往與集團有著密切的關係，同時逐漸
形成保護自己的小團體，因此會參加派系的人數頗為不少。

　　為了維護己身利益而形成小團體的行為，暗示著其中一定會
產生不可避免的對立關係。

　　例如，大部分公司內部都有許多或大或小、意見對立的派系，
彼此之間經常會產生聚散離合的反覆情形。

　　派系組成的原因，在於各個派系對人事及商業利益的意見紛
歧而形成。

　　這種心理正如動物一般，一旦自己的地盤被入侵時，馬上就
會採取反擊動作，派系對立的情形與此十分類似。

　　人類與生俱來就有實現自己想法的慾望，也就是組織團體並

賴以生活的強烈需求，而在實現了自己的理想之後，從其中獲得下意識的快感。

尤其是醫師或某些具有特權觀念的職業，不單在觀念上彼此產生競爭心理，而且還有直接的利害關係，這麼一來，地盤之爭就更加激烈。

可是，這一類的對立關係，常常只是在潛意識中發生而已，當事者有時甚至覺察不到這種心理，即使察覺到了，彼此也會否認有這種對立關係的意識存在。

其實，任何人都不會輕易承認對立關係的存在。相反的，一般人都會極力否認自己是使集團與其他集團形成對立關係的禍根，如果承認，萬一兩個集團尋得解決問題癥結的方法，因而取得協調，那麼雙方都會追究當初的禍首，並予以指責。

PART 10

如何套出
別人的**真心**話？

想了解初次見面的人言詞是否真實，

或是他對交談話題的關心程度，

可以用壓迫性交談的手法，

故意與對方唱反調。

情緒會洩漏一個人的底細

 在這個偽詐多變的社會中，你不僅要學會控制
自己的情緒，也要看得懂別人的情緒和脾氣。

　　有的人喜歡妝點自己，平日一副道貌岸然的模樣，說起話來
頭頭是道，儼然是博學多聞的紳士。但是，只要一被激怒，就會
自動現出原形，讓別人看清他們原來的德性。

　　日本某家電視台，找了一百位議員來上節目，節目中由主持
人發問，然後再聽取這些議員的意見。

　　由於節目是現場直播，而且每位議員都被刻意分隔開來，因
此並不會看到彼此回答問題的情況。

　　不久，主持人開始提出詢問，每一個問題都非常嚴苛，並且
直涉核心。剛開始時，這些議員們都回應得不錯，但是，在主持
人猛烈且毫不客氣的質問下，慢慢地有些人開始回答得亂七八糟。

　　這讓許多人甚至是主持人，都對他們產生了藐視的心態。接
著，主持更提出了一個敏感的問題，這時有個議員發怒了，生氣
地對主持人說：「別開玩笑了，我不會再回答你的任何問題。」

　　說完後，這個議員便氣憤地離開了，不過攝影機仍一路跟拍，
還將他離開會場的情況也拍攝下來。

　　其實，這個節目早已設計好了陷阱，目的就是要讓對方陷入圈套。

　　因為，議員們平時在議會或記者會上，只會公然說謊，說些冠冕堂皇而公式化的見解，很難聽到他們的真心話，所以，為了讓議員們能說出心裡真正想說的話，節目的製作團隊想出了許多點子和問題，更企圖以刻薄的問題，來引爆他們的脾氣。

　　這個方法也真的奏效了，這群在議會上對答如流的議員，不只說出了平日所不會回答的問題，也真實地表現出他們的脾氣和做事的態度。

　　從這個例子我們知道，修養不夠或是能力不夠的人，其實一探便知，他們只要被別人激怒，就會原形畢露，而且往往不知道如何控制自己的情緒，是非常容易攻破心防的對手。

　　在這個偽詐多變的社會中，你不僅要學會控制自己的情緒，同時也要看得懂別人的情緒和脾氣；能夠知己知彼，你才不會受制於人，並且將對手操控於手掌之中。

看人的眼神是一門大學問

心理學家一致認為，眼睛比嘴巴還能傳達情
意，所以，為了讓對方仔細看著你的眼睛，你
就必須直視對方的眼。

　　觀察眼神是研究一個人的入門，因為當一個人看到令人振奮
的東西時，潛意識中瞳孔會自動擴大，這是無法控制的自然反應。

　　我們也可以將這項心理反應活用在日常生活和工作場合之中。

　　假如你是一個推銷員，推銷業務的時候，不妨仔細注意一下
眼前顧客的眼神。

　　一般顧客的警戒心理都很強，不會輕易表現真實的心意，你
可以一面介紹產品，一面注意對方的眼神變化，大致上就能明白
他們被哪種商品吸引，或者他們對哪種商品較有興趣。

　　只要你能注意到這一重點，成功的機率必然可以提高許多。

　　新到一個陌生的工作環境，如何與上司交談是個重要的關鍵。

　　一個優秀的上班族只要能以尊重的表情和謹慎的語氣，選擇
有利時機，保持不卑不亢的態度跟上司交談，那麼必定能與上司
進行成功的互動，對自己的日後升遷大有助益。

　　在人的肢體語言中，有一項很重要的「表情」，足以讓談話

進行地得順利，也足以讓對方感到不愉快，那就是——眼神。

在工作場合裡，人和人面對面時，視線投射方式是一門大學問，一不小心就會讓對方心生不悅。如果男性的交談對象是女性，一直把視線射向她的胸部，必然會讓她覺得很嫌惡。那到底該怎麼做比較好？

首先，要記住的是直視對方的眼睛。

當你要請別人聽你說話、想傳達自己的想法、讓對方有所行動時，就必須看著他的眼睛說話。

心理學家一致認為，眼睛比嘴巴還能傳達情意，所以為了讓對方仔細看著你的眼睛，你就必須直視對方的眼，把視線往下投射或東瞄西看，就會阻礙你想要傳達的意念。

再來就是要了解，對方的「額頭到肩膀」是視線的範圍。

和人說話時，看著對方眼睛說話是基本禮貌，但若一直注視對方的眼睛，彼此之間就會產生壓迫感。為了緩和彼此的這種壓力，你的視線上下可以觸及頭部與肩膀範圍的四邊形，上限是額頭，但是，要避免注視髮際，下限則是肩胛骨的稍下方，左右可及肩寬程度。

要特別注意的是，千萬不要用「掃瞄」的眼神看對方，那是一種非常不禮貌的行為。至於對方可能會在意的部位，也不要停留目光，比如像是傷口、塌鼻子、痘痘或痣……等等。

注意到基本的「看人」原則，視線就不會讓對方產生不愉快的感覺。

如何套出別人的真心話？

想了解初次見面的人言詞是否真實，或是他對
交談話題的關心程度，可以用壓迫性交談的手
法，故意與對方唱反調。

當一個人良善的光明面遠遠大過於邪惡的黑暗面，他就是一個四處受人歡迎的好人，而當卑鄙下流的思考模式徹底壓制光明正大的念頭時，他就會是一個走到哪裡都惹人嫌惡的小人。

千萬不要被小人的不實言行蒙蔽，而要洞悉他們的真實面目，否則，你很快就會成為「受害人」。

在以了解對方的人品及想法為目的的交談中，想要在有限的時間內儘可能地或到正確的資訊，就必須使用各種深層的方法才能奏效，其中最有效的方法是壓迫性交談。

壓迫性交談，是向談話對象提出令他不快的問題，或是將對方置於孤立狀態，使他做出決斷的方法。換言之，就是「虐待」對方，將他趕入不利的處境中而觀察反應的方法。

在危急的情況下，一般人都會露出赤裸裸的自我，平常用來掩飾、表現理智的面具會脫落，最後吐露真言。

某個以積極果敢的採訪方式聞名國際政界的新聞記者，在著

作中曾經記述自己的採訪信條，就是挑起採訪對象的憤怒。

為了打破受訪者牢固的心理防衛，套出他們的真心話，他常常故意做出不禮貌的舉動，或提出一些逆拂對方的問題，用壓迫性交談逼他們吐出真話。他之所以能夠得知其他記者無法挖掘的極機密資料，這種突破他人心理防衛的巧妙採訪方法，對他助益不少。

想了解初次見面的人言詞是否真實，或是他對交談的話題的關心程度，可以用壓迫性交談的手法；故意與對方唱反調，是最常用的一種方法。

但是，不論如何探索對方的真意，如果引起對方憤怒的話，就有可能造成負面效果。如果，你認為就此與對方斷絕關係也無妨，或是自信能平靜對方的怒氣並恢復良好關係，當然另當別論，但是，若是情形並非如此，就有必要慎重處理了。

一般而言，想套出對方的真正意圖，最好的方式是借用第三者來提出反論，避免自己提出反論時引起對方的反感。

不論如何，唱反調是使對方感到不快的交談方式，最好只在有必要認清對方的真意或人性時運用。

脫口而出的話，通常都是真心話

我們經常會有這種尷尬經驗，與別人交談時，明明心裡已經演練了一套婉轉的說詞，可是真實的想法卻還是不經意地脫口而出。

　　有位男士和一位性觀念相當開放的女孩子結婚，由於這位丈夫本來就不太喜歡妻子過去多彩多姿的戀愛史，以及豐富的性經驗，所以，有一次當他們為了一點小事而發生爭吵的時候，他竟然脫口而出，痛罵妻子是「妓女」。

　　這個致命的導火線，使得兩人的婚姻產生巨大裂痕，再也無法復原。

　　分析其中的因素，這位丈夫平日雖然極力裝出毫不介意妻子的過去，始終戴著寬大開明的假面具，可是他的內心裡，卻經常盤繞著不滿的情緒。這種壓抑，使得他在爭吵時，衝動地說出心裡的話。

　　從這個例子，我們可以得知，人的情緒被撩動後，突然之間吐露出來的言語，經常都是內心真正的意思。

　　我們經常會有這種尷尬經驗，與別人交談時，明明心裡已經演練了一套婉轉的說詞，可是真實的想法卻還是不經意地脫口而出。

　　不論我們如何嚴格約束自己，許多不願吐露的真心話，仍然

會在緊要關頭說出來。有時候,當我們對別人心存藐視之時,縱然言語之中未曾透露過,但在下意識的動作或表情中,卻會不知不覺的顯示出來。

弗洛伊德曾舉過一個例子,某個醫學院的教授有一回授完課後,詢問學生:「剛才我所說的內容,你們都完全了解了嗎?」

學生答道:「都懂了!」

教授聽了學生的回答,不以為然地說:「我很懷疑你們是否真的懂了,能懂這些道理的人,在我們學校裡只有一個人,喔,不!只有五個人而已!你們怎麼可能全部都了解呢?」

這位教授在說話的同時,先豎起一隻手指,說「不」之後又馬上改為五隻指頭,這是為什麼呢?

很明顯的,他是一個頗為自負的人,他的潛意識裡覺得:「在學校裡,能理解這個道理的人,唯獨我一人而已!」

但是,如果他說「只有我一個人了解而已」,一定會使學生覺得他太過於狂妄自負,所以,他連忙又改口為五個人。

弗洛伊德解析說,這是因為那位教授的自負心理,平時受到壓抑,壓抑的力量衝擊著他的內心,使他不得不將「一個人」改為「五個人」,但他的真心話卻是「只有我一個人」,他脫口而出的話,使得真實想法無法隱瞞。

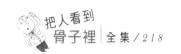
相貌堂堂的人，不一定是好人

 外表看起來老實，並不足以證明一個人的內心善良，睜大眼睛多加觀察，免得受騙上當，後悔莫及。

「你是否喜歡某某歌星或某某政治人物？」

這個問題所出現的答案呈兩極化的情況可能不少，因爲對於這類人物的評價，大家必然有不同的看法。

演藝人員和政治人物有極爲類似之處，那就是他們在舞台上展現的態度和風格，往往使人覺得他們很偉大，這種偉大或許就是心理學中所謂「主觀性的大」。看起來之所以變偉大，就是因爲其中加入某些因素。若想探尋究竟加入些什麼在裡，必須考慮各方面的條件。

這種使人誤認而表現出來較實際高大、成熟的原因，可說非常複雜，而有時當事者對這種因素也會有所自覺，並善加利用。例如，假藉宗教斂財、詐騙的神棍，便是很明顯的例子。

他們通常並不是身材高大，或看起來多麼具有威望的人，可是初次見面，卻會令人覺得他的體形高大，身上彷彿充滿著某種神奇的光芒。

正因爲他們懂得誇飾自己，看起來往往看起來會比實際上來得高大。

納粹黨領袖希特勒，在全盛時期時也是如此。真正的希特勒是一個身材矮小的男子，而且是一個對自己矮小身材十分在意的人，然而許多傳說，都將希特勒形容爲一個具有魄力、身材魁梧的亂世梟雄。

某位職業婦女在個很偶然的機會中，與一名男性邂逅。當時，他正倚靠在酒吧的吧檯邊，高大英俊，聲音極富磁性，全身洋溢著男性魅力，她很快就被他吸引，掉入愛的漩渦。

經過一段時日來往後，她終於決定與他成親，於是將他帶回家，介紹給雙親認識，家人對這門親事也都非常滿意，一致贊同。

可是自從結婚以後，他的態度開始逐漸轉變。起初，他時常提到錢的問題，後來變本加厲，經常要求女方拿出大筆金額的錢。

這位女士感到十分納悶，於是一面婉轉拒絕他的要求，一面商請徵信社調查對方的底細，結果發現這名男子是個前科累累的詐欺犯。

外表看起來老實，並不足以證明一個人的內心善良，但是直到目前爲止，我們也無法肯定每個儀表堂堂、風度翩翩的人一定是壞人，因此，遇到這種人的時候，最好睜大眼睛多加觀察，免得受騙上當，後悔莫及。

誇大其詞可以使小人原形畢露

只要你肯花心思，活用一些技巧，就不會因為
受制於這些貌似忠厚的小人而大傷腦筋。

實話實說當然是一種美德，但是，當你急於摸清一個人的真實樣貌，或是一件事情的真相，單刀直入不一定有效。這時，你就必須懂得誇大其詞。

法國的寓言故事作家兼詩人拉封丹，非常喜歡吃馬鈴薯。

有一天，僕人為他端來了一個剛出爐的馬鈴薯，拉封丹卻嫌馬鈴薯太燙，於是把它先放在飯廳的壁爐上待涼，便起身去辦別的事情了。

可是，等拉封丹回來時，馬鈴薯卻不見了，便猜想，一定是僕人把它給吃了。於是，他大聲地呼喊：「喔！我的天！是誰吃了我的馬鈴薯？」

「不是我。」那個僕人回答說。

「那我就放心了。」拉封丹裝出一副放心的模樣，鬆了一口氣。

「為什麼這麼說？」僕人不解地問。

「因為，我剛在馬鈴薯上加了毒藥啊！」

　　「不是真的吧？加了毒藥……那我不就中毒了！」僕人十分地驚慌。

　　拉封丹知道偷吃的人是誰了之後，便笑著說：「放心吧！我騙你的啦！不這麼講，我怎麼有辦法知道事情的真相呢？」

　　想引小偷出洞，有時得「危言聳聽」，攻破人心的弱點，這是寓言詩人拉封丹對付狡詐小人的絕妙技巧。日常生活也是如此，對於貌似忠厚的小人，有時候略施小技，也能使他們原形畢露。

　　甚至一個轉念和方法的改變，都能讓事情的另一個面貌真實呈現，只要你肯花心思，活用一些技巧，就不會因為受制於這些小人而大傷腦筋。

不要讓小動作洩了你的底

由於某種心理因素而產生口腔性格的人，長大成人後，仍然會貪溺於口腔行為的表現。

曾有人請日本心理學家多湖輝列舉令人討厭的男同事特徵，根據他以職業女性為對象所收集的資料顯示，以下三項高居前三名。

- 咬指甲、咬筆的癖性。
- 香煙濾嘴經常濕漉漉。
- 不斷地咀嚼口香糖。

多湖輝提出的結論是：這些職業婦女們的觀感，可能只是憑著直覺來應答。這是為什麼呢？

多湖輝指出，這與動物行為學研究中的「親密性」有密切的關係。

觸摸的心理與生理具有十分密切的關係。人類是一種對觸感抵抗力非常低的動物，可是事實上，我們的生活卻充滿各種觸摸，比如撫摸小孩的頭、與朋友握手，或者彼此視線的接觸……等，均是屬於觸摸的範圍。

其中，視線的接觸，雖然從表面看起來，不屬於觸摸的一種，

不過從「親密性」的觀點來說，濕潤的眼睛眨也不眨的注視、睜大眼睛直視，或者轉開視線等，都還是屬於觸摸的範圍。

假設將性交視為「觸摸」的一種，可能更能體會它所具有的威力！此外，由床舖與我們的關係，或者將小狗抱起來貼在自己胸前，以及把小貓擁在懷中時，也都能夠察覺到觸感隱含的魅力。

許多抽煙的女性，一天經常要抽上好幾根。她們抽煙或許並非真有煙癮，而是為了尋求某種觸感，也就是說，嘴唇之間含著香煙所產生的接觸感，實際上乃是心理上的一種慰藉。

那麼，觸摸究竟具備何種心理意義呢？關於這一點，我們可以根據精神分析學的理論來解釋。

幾乎所有的精神分析學者都相信，人類的性感帶是依照口唇、肛門、性器，一貫的程序發展下來的，但是有些人會由於某種精神上的因素，而使發展程序停留在某一階段。

其中，發展停留於口唇階段者，我們稱之為口腔性格。產生這種現象的原因，是因為幼兒時期對母親完全依賴的心理所造成，而一直保留至成人的情形居大多數。

也就是說，由於某種心理因素而產生口腔性格的人，長大成人以後，仍然會貪溺於口腔行為的表現。當然，例外的情形也不少，不過，就整體情況而言，前述職業婦女的直覺的確出乎意外的正確。

穿著華麗，多半戴著假面具

男性時裝專家的評價，具有十分深刻的心理意義：從心理學角度來看，過分考究穿著的人多半戴著假面具。

想正確地判斷一個人，千萬別只看他的外表，也別只聽他的話語，而要從一些細微的肢體動作著眼。

透過細膩的觀察，我們就可以迅速研判出對方是什麼樣的人，在人際關係中就可以無往不利。

目前，時裝界已經不再是女性獨霸的天下，男性時裝的設計在現今漸漸受到歡迎。由於社會競爭越來越激烈，男性時裝界為鞏固自己的地位，還成立一個類似協會的組織。

有一次世界各地的協會在召開國際性聯合大會時，時裝專家們提出一段非常有趣的言論。

這段言論的主旨是在討論最佳服裝獎的標準，結論是：過分講究打扮或穿著毫無變化者，都不能算是會穿著的人。

許多以講究穿著、注意服飾而出名的人，每次對於隔天所要穿的衣服，往往會花一個小時以上的時間來做準備、考慮。

他們的頭髮永遠都是梳得服服貼貼，並抹上適量的髮雕。西

裝上衣的前胸，總是插著與領帶成套的手帕，皮鞋與西裝的搭配也十分考究。

但他們的服飾由男性時裝專家來評判時，成績都是不及格。如果套個最近流行的黑色幽默來看，還有人建議，可以頒給他們最差服裝獎。

總而言之，過分注重穿著的人，實在讓人不敢恭維。我們經常可以聽到有人批評他人：「那個人確實是不錯，可是他對於穿著太過講究，和他在一起，真是令人無法忍受。」

這些判斷與男性時裝專家的評價，都具有十分深刻的心理涵義。我們可以先將結論提出來：過分考究穿著的人，依照心理學的角度來看，這種人多半戴著假面具。

假面具在拉丁語中為*persona*，這個字不禁使我們立刻聯想起英文中的 personality（人格），personality 的語源是由 *persona*（假面具）而來，所以人格往往都戴著假面具。

從這一層意義上來看，電視、電影甚至日常生活中所出現的騙子，服裝大都非常講究，或許就是出於這個原因吧！

PART 11

觀察，
就是最好的**識人**方法

狡滑的人會將會議內容以及每個人的話

一點不差地呈現給高層，

卻不會表明半點自己的看法與觀點。

觀察，就是最好的識人方法

職場如同社會縮影，有形形色色的人，因此最好
能摸清身邊上司、同事、下屬的性格，而透過工
作態度觀察，就是看穿他們內心的最好方法。

　　工作佔據了人們相當多的時間，雖然從事的內容不盡相同，
但如果對職場的態度與責任心進行分析和研究，就不難發現性格
在其中扮演非常重要的作用。

　　人面對責任時的反應，大致能分成三大類型：

　　第一種在心理學上稱爲「內疚反應型」，他們一旦發現工作
出現問題，不管是否與自己有關，馬上便想到自己應該承擔的責
任，結果很容易導致進退維谷，過度憂慮與自責。

　　第二種是「推卸反應型」，他們遇到麻煩時，會極力推卸責
任，想盡辦法找出種種理由把責任轉嫁給他人，常常令同事頭痛
不已。

　　第三種叫「適中反應型」，此類型人居於前兩者之間，遇到
該分擔責任的時候，會努力尋找產生事故的原因，並以客觀事實
爲依據，勇敢地承擔屬於自己的責任，甚至有時會爲了整體利益
而承擔原不屬於自己的責任。

　　不忙卻裝忙的人，意在掩飾自己工作能力的低下，大都對自

身的能力相當懷疑，力圖透過在別人面前裝出一副努力工作的樣子，使同事不至於輕視，但事實上，工作績效卻非常差。爲了掩飾能力不足，保護自己的弱點不被同事或上司發現，他們除了裝忙碌之外，別無選擇。

至於厚己非人的人，懶惰是最大的性格特徵。他們看似認真工作，每天都非常忙碌，但全都是表面現象，一旦困難當頭逃得比誰都快。此外，總是用異樣的眼光看待其他同事，覺得他們不務正業、欺騙上司，好似誰都沒有如自己那樣熱愛工作。其實，他們最希望得到的是加薪和升遷，但懶惰的他們不會比其他人多做一點，假使真的有一天多做了一分鐘，一定立刻到處宣揚。

看上司臉色行事的人表裡不一、情緒不穩定，只有當上司在場的時候，才會聚精會神地工作，上司一旦離開，他們的幹勁便無影無蹤。

他們在生活中也是玩著人前一套、人後一套的把戲，用一張僞善的面孔面對周圍的人和事，就是標準的小人。

還有一些個性內向的人，見到長官就會緊張，結果由於分心而使工作效率大大降低，其實這是自卑感所致。

另外，若想認識和了解一個人的性格，還可以從他對工作的態度上進行觀察，展開分析。

一般來說，外向型的人多勇於承擔責任，在工作中，沒有機會的時候會積極地尋找機會、創造機會，有機會的時候，會牢牢地加以把握，因此，他們多很容易獲得成功。

內向型的人在面對一件工作的時候，首先想到的是自己該負擔的責任、後果等問題，總是擔心失敗了會怎樣，所以時常表現

出猶豫不決的神態。因為他們顧慮的事情實在太多，行動時免不了瞻前顧後、畏首畏尾，最後往往會以失敗告終，空留遺憾。

工作失敗時，不斷地找一些客觀理由和藉口為自己開脫，以設法推卸和逃避責任的人，多半自私又愛慕虛榮，總以自我為中心。

工作上一出現問題就責怪自己，把責任全部攬到身上的人，大多個性非常膽小，有自卑憂鬱傾向。

失敗以後能夠實事求是地坦然面對，並且仔細、認真地分析失敗原因，進行歸納和總結，爭取在以後的工作中不犯類似錯誤，這樣的人才算是真正成熟。他們為人處世態度比較沉著和穩定，具備一定的進取心，因而經過努力之後，多半會取得成功。

職場如同社會縮影，有形形色色的人，因此最好能摸清身邊上司、同事、下屬的性格，而透過工作態度觀察，就是看穿他們內心的最好方法。

從開會風格知人性格

狡猾的人會將會議內容以及每個人的話一點不
差地呈現給高層，卻不會表明半點自己的看法
與觀點。

　　無論是在企業、公司、學校或政府機關，開會就像吃飯和喝
水一樣司空見慣。踏入社會的人，無論背景如何、資歷如何、身
居何等要職，都難以避免出席或主持會議。

　　會議中，有的人可以在規定的時間內完成程序，而且使與會
者明白最終目的；也有的人長篇累牘、喋喋不休，讓所有與會者
疲憊不堪，能否達到預期效果和目的則相當令人懷疑。

　　主持會議的成效雖然與主持者自身的修養和知識程度有關，
但性格所產生的作用也不能漠然視之。

　　● 簡潔明快、豁達幹練的人

　　這種人快言快語、辦事雷厲風行，對工作與生活都充滿信心，
做事前必定精心準備。他們主持會議，也清晰明瞭，內容安排得
當，講話時條理清晰，言之有物，令與會者欽佩，可以勝任重要
的領導工作。

　　● 說什麼就是什麼的人

這類人有一定的身份、地位和手段，對自己目前擁有的一切滿懷信心，而且堅信將會擁有更多更美好的東西。

他們通常是靠真才實學爬到現今位置上，頑強的意志力是他們取得成功的保證。做事總是胸有成竹，遇驚不亂，很有大將風度。缺點是總固執己見，不容他人質疑，習慣專斷獨行。

● 把會場當課堂的人

這類人的名片上通常印有「專家」兩個字，他們學有專長，常是公司某一項業務的權威。開會的時候，他們會以老師的姿態站在與會者面前，不厭其煩地講解「學生們」不明白或懂得不徹底的理論和觀念，但常常忘記了時間。至於被當作學生的與會者，多半哈欠連天、瞌睡連連。

● 欺下媚上的人

由於近水樓台的緣故，他們與高層、特別是總裁級人物接觸密切，並為此自豪不已。他們會毫不客氣地用大部分會議時間來噴灑自己的唾沫，滿嘴胡說八道，但又不允許其他人質疑，甚至可能動不動就打斷他人的發言，進行一番無意義的補充說明。

此外，他們反應敏捷，善於阿諛奉承，欺下媚上。

● 做「傳聲筒」的人

「傳聲筒」是對這類人在主持會議時圓滑表現的最好比擬。他們會將會議內容以及每個人的話一點不差地呈現給高層，也會將高層的意見原封不動地放到會議桌案上，卻狡猾地不表明半點自己的看法與觀點，常常讓與會者「靜候佳音」，或表示「會盡

力向上司反應」，勸大家「不要急躁，耐心等待」。

- 優柔寡斷的人

這類人可能大有發展前途，為人彬彬有禮又謙卑含蓄，一點也不咄咄逼人，允許其他的與會者暢所欲言，提出自己的觀點。但往往由於在拍板時猶豫不決而難以和與會者達成共識，結果降低了自己的威信，讓下屬心存不服。

- 愛耍威風的人

這種人多半居於不高不低的位置，所以非常想往上攀爬，野心勃勃。他們喜歡擺架子，顯威風，總是讓很多不相關的人參加會議，如若人手不夠，還會派部屬到場吶喊助陣，並打著「群眾意願」的幌子中飽私囊。

透過開會表現，可以讓一個人無所遁形，是瞬間看穿一個人的好機會。

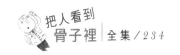

由辦公桌狀態分析工作心態

辦公桌整潔的人，多半有很高的工作效率，他
們嚴於律己，特別珍惜時間，會安排相應的工
作。

　　辦公室是職員工作的場所，內部都是與工作密切相關的陳設。
由於每件陳設都融入了個人的喜好，所以辦公室裡每一個員工的
辦公桌擺設，都可以展現出這個人的性格特徵。

　　英國心理學家斯蒂恩教授，很多年前就開始研究辦公環境與
職員之間的關係。經過長期的實驗和求證，證實了內部陳設（**如
辦公桌**）與職員性格之間確實有聯繫。

　　辦公桌整潔的人，多半有很高的工作效率，是個很出色的員
工。他們嚴於律己，爲著崇高的目標堅持不懈，特別珍惜時間，
必定會安排相應的工作，辦事和工作都有條不紊，但是適應能力
較差，對於突如其來的變故常常手不及、手忙腳亂，有時候會自
亂陣腳，發生錯誤。

　　辦公桌裡空空如也的人，通常是個急性子，爲了工作方便，
也免除工作中得從眾多文件中找資料的麻煩，只會把所需要的資
料放在伸手可及的地方。他們通常很有事業心，一般都可以成爲
老闆。

辦公桌凌亂不堪的人，必定堆滿文件與檔案，而且恐怕根本就不知道哪些是作廢的，哪些是緊急的。

他們的個性溫和善良，但做事往往沒有計劃、倉促應戰，結果自然大打折扣。他們沒有長遠的眼光，但有較一般人強的應變能力。

在辦公桌裡放鈔票的人，通常是對任何事情都會產生懷疑的人。他們不完全相信銀行，所以不把所有鈔票都存入銀行；對家庭也不放心，時刻擔心被盜，但仍會留一些錢用於日常生活需要；對工作地點也不放心，所以辦公桌中只放一點錢。為了到哪裡都有錢用，他們會在很多地方各存放一些鈔票。

有些人會在辦公桌上存放紀念物，而且琳琅滿目、種類繁多，有兒時的玩具、情人的相片、老掉牙的首飾，甚至還有學生時代的舞會邀請函。他們不善於與外人打交道，也不願意和外人有過多的接觸，經常獨來獨往，但與老朋友聯繫得相當密切。

他們總靠著美好的回憶調劑生活和排遣孤獨，常在夜深人靜的時候獨享愉悅，因為情感豐富也較脆弱，很容易受到傷害。

不妨看看自己的辦公桌，再看看他人的辦公桌，是否從中接收到有用的訊了呢？知己知彼，才能百戰百勝。

透過處理檔案，看行事是否果敢

 無論一個人多希望掩飾自己，仍會有一些真正的個性、思想，在不知不覺間由小地方表露出來。辦公桌的抽屜，就是個好例子。

現代企業一直致力於研究什麼樣的工作環境可以創造出最高的效率，反覆實驗的過程當中，一位效率研究專家發現，員工辦公桌上的檔案，通常可以展現出他們的某些性格特徵。

以下，是幾種普遍類型：

● 認真整理文件的人

這樣的人不管是桌面上還是抽屜裡，所有的檔案、文件都收拾得整整齊齊，而且分門別類。他們辦事之時條理清晰，有很強的組織和操作能力，所以通常工作效率都很高。

這種人生來責任心強，凡事小心謹慎，認真負責，而且精益求精。缺點是沒有開拓進取的魄力，創新能力也較差。

● 散放文件的人

文件檔不分主次，這裡一堆，那裡一堆，像是要搬家似的。他們辦事較盲目，做工作難以善始善終，而且自我控制能力差，無法調整自己的情緒和習性，也較難適應新的外部環境。

● 檔案資料堆放得亂七八糟，每找一份文件都要翻天覆地

工作能力較差，常常事倍功半，辦事缺乏條理性，無法循序漸進，也少有責任心，缺乏持之以恆的毅力。

這類員工應該重新接受培訓，或改做其他與個人能力相近的工作。

● 亂塞文件的人

不要被乾淨的桌面迷惑，也不要親自查看桌面上是否有灰塵，只要拉開他們的辦公桌抽屜，一切就都可以明瞭了。他們的辦公桌抽屜裡亂七八糟，簡直什麼東西都有，根本讓人分不清究竟是雜貨鋪還是辦公桌。

這種人多半華而不實，雖然機智靈活但喜歡耍些小聰明，常過度注重外表，善於鑽營，不太值得信任。

無論一個人多希望掩飾自己，仍會有一些真正的個性、思想，在不知不覺間由小地方表露出來。

處理郵件可以看出人的個性

喜歡閱讀垃圾信件的人，通常好奇心比較強烈，對新鮮事物的接收能力特別快。「看信」只是小動作，當中卻藏有一番學問，值得探究。

現代社會中，科技發展越來越先進，方便快捷的通訊方式相當普遍，很多時候大家都忘記了還有寫信這回事，透過寫信進行溝通和交流彷彿已是上個世紀前的事情了。

不過，從處理信件的態度來觀察一個人，仍是相當實用的識人方式。隨著科技的發展，很多人習慣電子郵件聯繫，其實也等同於寫信。

一收到郵件就打開，並在最短時間內回覆的人，時間觀念一般比較強，總希望盡快把事情做好，然後去做其他事情，同時不希望對方等待得太久。

但也有一種情況，他們只是在信件的處理上表現得積極，因為寫信的人是自己比較重視的，但在其他方面就顯得散漫隨便，認為有空再回覆就可以。

接到信以後不開更不看，直接把它丟在一邊不管，繼續做其他事情的人，如果不是存心不看信，就表明工作、學業、生活狀態很忙，時間安排得很緊湊，不是特別重要的信件，自然就會被

放在一邊，等到時間充裕的時候再處理。當然，也可能永遠不會有處理的時間。

請別人代自己收信的人，對別人多是充滿信任感的，否則不會容許這種事，畢竟這是屬於比較私密的領域。

這類人不擅長隱藏自我，會將許多秘密說出來與他人共同分享。人際關係不會太好，但總體來說還算不錯，因為他們雖然比較以自我為中心，但為人慷慨，憑這一點便可以贏得旁人的信任。

收信以後，先看寄信人、主旨，再打開信看信內容的人，生活態度多半比較嚴謹，相對的，做事很有規則性，而且辦事很徹底，承擔下來，一定要盡全力做得很好。

接到信以後進行一番選擇，先把私人信件揀出來，看完以後再處理其他信件的人，多是感情比較細膩，而且特別重情誼的人。

一般來說，這樣的人性格上顯得有些脆弱，時常需要別人的安慰和扶持，這也是對私人信件比較看重的一個重要原因。

若信箱總是滿滿的，顯示人際關係相當不錯，有很多可以用郵件聯繫情誼的朋友。這種多屬外向型人，比較隨和親切，能夠關心人、為他人著想，很容易獲得信任和依賴。

相對的，信箱總是空空的人，性格多半比較孤僻內向，不太容易與他人進行溝通交流，心裡有很多屬於自己的隱私，不會說出來與他人分擔、分享。這種人性格中的自主意識比較強，做事不太徵求其他人的意見，有自己的獨特主張，常我行我素、走極端，不是過分堅強，就是過分脆弱。

　　喜歡閱讀垃圾信件的人，通常好奇心比較強烈，希望能夠得到一切自己感興趣的資訊，對新鮮事物的接收能力特別快。由於垃圾郵件通常比較無聊，這也顯示這類人具有一定程度的忍耐力和寬容力。

　　相反的，一見到垃圾信件就丟掉的人，爲人處世方面比較小心謹慎，有強烈的自我防衛意識，不會輕易相信某一個人。

　　這類型的人多少有些憤世嫉俗，顯得不夠圓滑世故，與人交往過程中，多少會碰上一些不如意之處。

　　「看信」只是小動作，當中卻藏有一番學問，值得探究。

從顏色看穿真實性格

喜歡不同的顏色，顯示了內心的不同想法、偏好、渴望，或許可以說顏色正是洩漏內在真實自我的「密碼」。

　　每個人都有自己特別喜歡的色彩，並將這種喜好反應到生活和工作的各個方面和不同領域。無論是衣服的選擇，還是傢俱的裝飾，到處都展現著性格折射出的色彩偏好。

　　愛好紅色，是精力旺盛的體現。這種人喜歡展現自我，有著讓全世界認可自己的願望。容易衝動，做事有時不顧後果，自然免不了因為挫折而後悔不已，甚至一蹶不振。感情豐富，熱情奔放，好奇心強，這也是他們經常遇到困難的重要原因，別人常常受不了這種毫無顧忌的衝勁。

　　喜歡棕色的人，往往令配偶既愛又恨。他們忠誠老實，值得信任，而且不會忘恩負義，有自己的安排和計劃，善於管理錢財。但是分配家庭收入的時候，常會與配偶產生矛盾，儘管初衷並不是要讓家人受苦。

　　喜歡白色的人性格比較單純，追求卓而不群，積極進取。他們做事涇渭分明，講究實際，不容易與陌生人和平共處。

　　喜歡黃色的人善於隱瞞自我，總是擺出一成不變的面孔，讓人琢磨不透。他們喜歡不受拘束的生活，常按照自己的想法安排日程。

　　這類人凡事都要求盡善盡美，經常弄得自己精疲力竭，而且脾氣倔強，得理不饒人，不易得到別人的喜歡。

　　喜歡黑色的人傾向壓抑、消極，但也流露出典雅與威儀。他們缺乏激情、活力，遇事還沒前進便想打退堂鼓，而且總認為好運氣與自己無緣，對周圍的人和工作提不起興趣。他們不喜歡張揚和引人注目，對待他人十分謹慎小心，會極力避免意外的麻煩。

　　紅褐色代表安逸祥和，因而喜歡這種顏色的人多容易安於現狀，與世無爭，也沒有排斥他人的傾向，容易與人親近。他們對身邊的人通常言聽計從，不會有太大反抗。

　　喜愛紫色的人自信又清高，很少出現情緒化的衝動表現。他們的情感淳樸濃烈，但通常秘而不宣，遇上特別難過的事情會一直積壓在心頭，由自己承受，不向外人透露。

　　喜愛橙色的人積極進取、勇於開拓，堅信多個朋友多條路，所以會用各種方法結交朋友。但這類人容易喜新厭舊，往往把過多的精力用於結交新朋友上面，結果卻忽略了老朋友，真心實意的知交往往不多。

　　喜歡粉紅色的人大多舉止優雅，講究禮節，在交際場合中能妥善地掌握行事尺度。他們追求理想、講究外表，具有很高的審美能力。

　　喜歡綠色的人溫柔多情，善解人意，能夠了解異性的心事和

秘密。多半活力四射，能夠迅速從挫折當中振作起來，艱難險阻往往威脅不了他們。喜歡熱鬧但不願意參與，很容易和孩子打成一片。

喜歡以紅褐色搭配灰色的人有很好的人緣，走到哪裡都可以交到好友。他們知道遷就別人，給對方台階下，善於察言觀色。產生衝突時，不會針鋒相對，會待對方心平氣和、恢復理智之後，再找適當的時機表達自己的想法。

喜歡以紫色搭配黑色的人，認為什麼事都索然無味，漠然置之，不懂得從團體生活中獲得幫助和充實，所以經常是一個人獨來獨往，整天無精打采、鬱鬱寡歡，彷彿到了世界末日似的。

喜歡不同的顏色，顯示了內心的不同想法、偏好、渴望，或許可以說顏色正是洩漏內在真實自我的「密碼」。

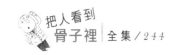
開什麼車，就象徵什麼性格

據心理學家的研究表明，一個人對車子顏色的

喜愛，在一定程度上可以反應出自身的性格。

以車代步，是大多數人的共同選擇。

車子是一個人的表徵，開什麼樣的車，除了能夠反應出車主經濟實力的差別外，更可以看出個人品味，以及車主各自不同的性格特徵。

● 喜歡進口車的人

這類人有高人一等的心理，對大部分國產車的品質都抱持懷疑態度，愛用國貨、民族主義之類的宣傳號召很難打動他們，基本上他們認為自己和普羅大眾是有階級差異的。

● 喜歡吉普車的人

吉普車使人能夠探訪許多一般交通工具無法到達的地區。開吉普車能把別人拋在車後一團團的灰塵中，並替自己開條新路。這種人就像吉普車一樣吃苦耐勞，甚至可說原本就是為了吃苦耐勞而存在。

● 喜歡豪華車的人

這種人可能很有錢，也可能很窮，不過他希望自己看起來富有，至少表現出與眾不同的形象，這種心理從對衣服的剪裁和房

子大小的要求都看出來。

然而，很遺憾的，這類人心中成功的感覺多半建立在他人的讚美，而不是真正發自內心的自我肯定。

● 喜歡敞篷車的人

這種人不想與世隔絕，希望這世界能進入他的車裡，開車時有風輕輕吹過髮稍，有陽光親吻他的臉。

他喜歡敞篷車帶給來的那份逍遙自在，以及男性氣概形象。

● 喜歡雙門車的人

別人一進入這種車子的後座，就成了駕駛者的俘虜，因為沒有出入方便的逃生門。雙門車對於有控制欲的人來說，的確具某種特殊的吸引力。這種人希望控制旁人的生命，而且只要自己輕鬆舒適就好，並不在乎其他。

● 喜歡四門房車的人

在這種車裡，每個人都有屬於自己的出入口，可以自由進出。

車主給每個人一個出口，表示尊重他人選擇的權利，即使對方選擇離開，同樣該被尊重。

然而，就因為他不企圖控制別人、限制別人，反而受到信賴。

● 喜歡省油小車的人

隨著油價飛漲，大多數人都希望自己的交通工具能夠經濟省油，所以選擇這類的汽車的人，必定是個腳踏實地的人，但相對的，也有些現實。

對他們而言，青少年那種放縱的日子已經過去了，現在必須穿著得體，舉止優雅。這種人最關心的不是如何獲取身份地位，而是如何保有目前已經擁有的一切，安穩生活。

　　另外，據心理學家的研究表明，一個人對車子顏色的喜愛，在一定程度上可反應出自身的性格。

　　喜歡紅色的人具有較強的事業心，對自己充滿自信、對人熱情，喜愛開快車，稍嫌衝動。

　　喜歡黑色和白色的人屬於工作熱情高的人，萬事追求完美的境界。

　　喜歡藍色的人做事冷靜，具有較強的分析能力。

　　喜歡金色的人樂觀、好交際、朋友眾多。

　　喜歡綠色、銀色的人處事中庸，行事穩當、性格堅強。

開車習慣與個人性情有關

 一個人究竟值不值得信賴，真實性格又是如何？觀察他的駕駛態度和習慣，可以得出一些線索。

　　一個人控制汽車的方式，其實和控制自己的方式有許多相似之處。如果把車子視爲個人肢體的延伸，那麼開車的方法就是肢體語言的機械化身。一個人在方向盤後的舉動，正反應出當下的心情與處事態度。

　　一人的駕駛習慣，不脫以下幾種：

　　● 按規定速度開車

　　對這種人而言，開車不過是到達某個地方的方式，而不是一種求快樂或刺激的過程。這種人守法、守本分，盡自己應盡的義務，絕不做危險動作，通常以平穩、容易控制的速度開車，做任何事情都以中庸的態度行事，即使有很大的把握，也不會驟然冒險。

　　由於爲人可靠，不馬虎，很適合在公家機關上班。

　　● 行車速度比規定速度慢

　　坐在方向盤後面令他覺得害怕，覺得無法操縱一切。這種人總是避免把東西放在自己手裡，碰上有人授權，立刻設法把許可權縮至最小。他們時常嫉妒旁人不斷超越自己，但是自身膽小怕

事的個性，卻又讓他們無所作爲。

● 超速行駛

這種人習慣以自我爲中心，不喜歡受制於任何人。個性浮躁，做事大膽、躁進，不允許他人爲自己設限，如果有人企圖這麼做，他會立刻找出極端且可能導致危險的方法，來維護自己的「獨立自主權」。

● 習慣坐後座

他人的成就令這種人有被威脅的感覺，潛意識裡害怕自己貢獻的心力不被信任與接受。

這種人喜歡獲得別人尊重，希望旁人在做決定之前，都先問問自己的意見，肯定自己的重要性。

● 猛按喇叭

在現實生活中，這種人喜歡大吼大叫、亂發脾氣；表現在馬路上，則是拚命咒罵，使勁按喇叭。

這種人面對挫折的應變能力極差，經常覺得受別人威脅，因而以一連串的高聲謾罵來表達心中的焦慮和不安，發怒程度和所受刺激程度呈正比。這種人做事沒效率，本身也沒什麼能力，卻總是匆匆忙忙，一副忙得要死的模樣。

● 開車不換檔

這種人希望所有事情都能安排得好好的，比較喜歡尋找獨特的生活方式，即使遭遇困難，也很少向旁人請教。沒有人會告訴他該往何處去，常常是他告訴別人該怎麼做，一副先知的架勢，常憑直覺行事，但應變能力極差。

● 綠燈一亮就搶先往前衝

凡事比別人搶先一步是他們的生存方式。

這種人喜歡勝利的感覺，因為不願被烙上失敗者的標記，所以總是積極過頭，深信有足夠競爭力才能夠成功。這類型的人把任何事情都視為競爭，參與競爭時不是向前看，而是向後看，想知道別人離自己還有多遠。

● 綠燈亮後最後發動車

這種開車方式很安全、有保障，用不著和他人爭先恐後。這種人的觀念是：只要不鋒芒畢露，就不會遭人拒絕或受到傷害。同時，他們把這個觀念也用在其他地方，總讓他人先走，只求安穩度日。

● 不肯學開車

不學開車的人有兩種極端，一種是極端自信，不受外物支配，另一種則是極端自卑，很容易置身於依賴和無助的情境中，導致增加自卑感，因為行事總是受制於他人。

一般而言，以後者居多。後者在生活的各個領域中，也習慣退居積極者的背後，任由旁人左右著自身的一舉一動。

● 永遠沒有駕照

這種人喜歡告訴別人他要怎麼做，但做出來的成果，卻往往與先前所說的相距甚遠。不過，只要有足夠的刺激，最後還是會把事情做完。這類人總把自己想像成贏家，但心中卻暗自害怕會輸，滿口天花亂墜的言辭，但行為卻很消極。拖延戰術不但已經變成一種習以為常的行為，甚且已經形成了慣性。

一個人究竟值不值得信賴，真實性格又是如何？

觀察他的駕駛態度和習慣，可以得出一些線索。

PART 12

手指發出的
訊號最不會說謊

興奮的舉動，

在一般的場合下都是通過手來表達的。

揮著拳頭，或者不斷用手指相互摩擦，

無意識當中都表達了自己的意思。

不滿意是因為充滿壓力

 處於擁擠的城市裡、狹小的環境中，當然會堆積壓力，於是充滿壓力、對環境不滿意的人就會變得沈默起來。

並沒有什麼急事，卻急著在電扶梯上行走的人，表達什麼心理呢？

在電扶梯上行走的人並不一定都是性急的人，競爭心理很強、不服輸的人也經常會在電扶梯上行走。這樣的人總是想要不斷超越在電扶梯上佇立的人，並從中感覺到快感；如果他能夠走在對方前面，就會獲得勝利般的喜悅心理，一旦落後了就很懊悔。

這種人不管在什麼地方都會發揮自己的競爭心理，如果在工作上不能勝過對方的話，就會想要在戀愛方面找到比對方戀人更好的人，以此來勝過對方。

這樣的人不在意在什麼樣的場合，也不在意是不是自己一廂情願，只要自己能夠「贏了那個人」就可以了。

雖然不過是自我滿足罷了，但這樣的人會不斷尋找能使自己感到滿足的事物，並且非常討厭失敗。

然而，生活中的失敗挫折是難免的，也許，他們只能在電扶梯上享受不斷超越別人的快感吧！

在擁擠的電梯或者車廂裡一言不發的人，又是怎樣的心理呢？

在巔峰時間的車上搖搖晃晃的人們，或者在擁擠的百貨公司電梯裡面的人們，一般都沈默著，而且還擺出一副很不滿意的臉孔。

僅僅用工作很辛苦來解釋這點是不夠的。心理學家指出，從人和人之間的距離可以瞭解彼此的親密程度，而在上下班的巔峰時間，人們所表現出來的不滿意的表情，和與對方的距離太近有很大的關係。

不管是誰，都會在無形當中在自己的周圍建造看不見的圍牆，這就是所謂的「個人空間」，這個個人空間並不是以身體為圓心，半徑多少距離的圓形空間，而是前面會比較寬闊、後面比較狹窄的空間。

根據一個研究顯示，所謂的個人空間，前方大約有一百六十公分，後面大約有四十公分，左右大約分別有八十公分，這樣的一個空間，就好像是一個雞蛋的形狀，而能夠進入到這個範圍的都是很親密的朋友，一旦不認識的人進入到這個範圍內，就會讓人產生緊張感。

我們在日常生活當中，總是會下意識控制與和對方的距離，製造出個人空間，並根據距離的測量來決定要前進還是後退。

但是，在上下班巔峰時間的車廂裡，或者是在擁擠的電梯裡面，就沒有辦法做到保持自己的個人空間。本來，進入到這個個人空間的應該是戀人或是配偶，但是現在卻是一些不認識的人進入到自己的「親密距離」裡面，而且自己還沒有後退的餘地。

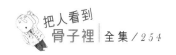

　　這就是人們臉上表情總是一副不滿意模樣的原因。其中，既有自己的個人空間被對方侵入的不愉快，也有進入到不認識的人的個人空間，覺得不舒服的心情。這些心情混合在一起後，內心就處於一種忍耐狀態，而在這樣的狀態下，是一定會聚積壓力的。

　　因為自己被關閉在一個閉塞的空間裡面，一直在忍受著自己意志不能夠控制的客觀環境當中，所以一旦到達目的地或者從電梯裡面出來時，一定會有一種很輕鬆的感覺，表情也一下子變得愉快起來。如果我們稍微觀察一下那些從封閉的空間解放出來的人，一定會發現他們的走路方式是儘量想要恢復自己的個人空間，而和別人刻意地保持距離。

　　都市人不管是走路的速度還是行進方向，都想要在自己的身邊創造出一個屬於自己的個人空間，而這實際上也顯露出他們心中堆積了壓力。處於擁擠的城市裡、狹小的環境中，當然會堆積壓力，於是充滿壓力、對環境不滿意的人就會變得沈默起來。

玩弄身邊的東西，表示想緩解壓力

人為了緩和緊張的心情，時常會無意識地擺弄起身邊的東西，如果身邊沒有可以觸摸的東西，就會用手撫摸頭髮或者是抓頭。

我們在咖啡店裡常常看到有人不斷擺弄杯子或者是毛巾，這樣的人是處於什麼樣的心理狀態呢？

其實，這是心理緊張，想要獲得舒緩的象徵。

人為了掩飾自己緊張的心理狀態，或是擔心別人知道自己某個不欲人知的弱點，在許多場合之中，經常會一邊客客氣說話，一邊頻頻觸摸身體的某些部位，或是玩弄身邊的東西。

這種時候所說的話，通常都是空話或假話，不必太過當真。

人如果覺得緊張，就會無意識地想要讓手動起來，所以在咖啡店裡聊天的時候，如果對方開始玩弄起毛巾，那麼就意味著對方一定覺得有什麼東西讓他感到緊張，玩弄毛巾就是想要緩和一下這種緊張的心情。

人為了緩和緊張的心情，時常會無意識地擺弄起身邊的東西，這是所謂的「反射性行為」，如果身邊沒有什麼可以觸摸的東西，那麼就會用手撫摸頭髮或者是抓頭。這些動作其實也是表達同樣的意思。

　　不過，緊張的狀態也有程度上的差別，有小小的緊張，也有很緊張的情況。

　　在第一次見面的人面前，如果你心裡想著：「差不多要結束談話了吧」，並在心裡盤算著結束的時機，這種時候一定也是很緊張的，於是可能會無意識地擺弄放在桌子前的名片。

　　沒有意識到自己不斷撫摸頭髮，或者在不吸煙的人面前不斷抽煙，這些也都是緊張的表現，目的就是想要緩解壓力而已。

踩到口香糖，會反應心理狀況

踩到口香糖就馬上緊張地把腳彎起來看鞋底的人，雖然會仔細分析失敗原因，但是和周圍的人相處比較沒有協調性。

在馬路上踩到口香糖的時候，會轉過頭去看自己抬起來的腳，這樣的動作表現了怎樣的人格特質？

在路上踩到不知是哪個缺德鬼吐的口香糖，的確是一件讓人很討厭的事情，許多人的第一反應是：「糟糕！」而從不同的反應中，也可以一定程度地了解一個人的內心世界。

轉過頭去看自己抬起來的鞋底的人，比起自己踩到口香糖，他們更在乎周圍人的看法。

譬如說，如果這樣的人急急忙忙趕到公車站，卻看到公車在自己面前關上了門，那麼他們一般會裝出若無其事的樣子，心裡想著：「反正我也沒有什麼急事一定要搭上這班汽車」，然後看著公車離開。

相反的，如果一個人踩到了口香糖就馬上緊張地把腳彎起來看，那麼，他們更在乎踩到口香糖這件事情。這類型的人如果碰到自己要搭的公車正巧開走的情況，一般都會上前去敲門，並且態度很不好。

　　不管是哪種類型的人，都各有自己的長處和短處。轉過頭去看自己抬起來的鞋底的人，雖然會不斷重複犯過的錯誤，但是一般較有協調性；而踩到口香糖就馬上緊張地把腳彎起來看鞋底的人，雖然會仔細分析失敗原因，不讓錯誤再次發生，但是和周圍的人相處比較沒有協調性。

　　有的年輕女性不小心踩到口香糖時，馬上就彎起腳，並用雙手握著腳踝，只用另外一隻腳蹦蹦跳跳的，且一邊說著：「真討厭，真是的。」

　　這種模樣雖然會讓人覺得很好笑，但是也會讓人覺得她們很努力地在加油著，甚至還可以讓人覺得她們很可靠。

拿雨傘的方式，會流露人的心思

 橫著拿雨傘是非常讓人覺得不高興的事情。這樣拿雨傘的人，對待外界過於冷漠，不會注意周遭的人、事、物。

　　在這個不懂得自我包裝，就無法將自己推銷出去的社會，想知道對方究竟是怎樣的人，千萬別被洋洋灑灑、圖文並茂的「履歷表」迷惑，而要從細微之處觀察他的言行舉止。

　　只要靈活解讀對方肢體語言，你就可以擁有一對瞬間讀懂人心的慧眼，一眼看穿對方的本性。

　　透過拿長柄雨傘走路的方式，也可以看出一個人的心理。

　　當你拿著雨傘的時候，一般會採取什麼樣的方式呢？

　　有著叛逆心理的年輕人可能會把雨傘柄插在褲子的口袋裡，心理覺得：「我才不想拿著這麼老土的東西呢！」

　　大部分的人一般會拿著雨傘，並儘量不讓雨傘柄碰到地上，如果像小學生那樣拖著雨傘走路，會顯得很不體面的。

　　下雨的時候，有的人會把淋濕的雨傘用超市的塑膠袋裝起來，會這樣做的大多是中年婦女，甚至有的中年婦女還一個人帶了三把雨傘，下雨的時候就把多餘的傘借給一起出門的人。

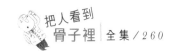

可以看出，這樣的人很善於幫助別人，不過，一般這樣的人總是想處於領導地位，而且可能會有一些囉嗦。

有的人則是用提著公事包的手夾著雨傘，或是把雨傘橫著用手抓，這樣做的人大部分都是男性，而且是從來沒有考慮過要怎麼拿雨傘的人。

通常，這樣的人除了工作以外，對任何事情都沒有興趣，是典型的工作狂。而拿著雨傘好像是拿著刀劍一樣的人，可能是想像武士一樣裝腔做勢，這樣的人一般都是從小玩竹棒打鬥的中年人居多。

不過，如果在人很多的場合還採取這種拿雨傘的方式，那麼很可能會傷害到別人，至少也會讓周圍的人覺得很不愉快。尤其是在公車上，如果前面的人這樣橫著拿雨傘，會讓後面的人覺得很危險。

這的確是非常讓人覺得不高興的事情。這樣拿雨傘的人，一定都不在意周圍的人，或許他們是工作專心的人，但是對待外界過於冷漠，不會注意周遭的人、事、物。

手指發出的訊號最不會說謊

興奮的舉動，在一般的場合下都是通過手來表達的。揮著拳頭，或者不斷用手指相互摩擦，無意識當中都表達了自己的意思。

人的自律神經是大腦無法控制的自動裝置，一受到外來的刺激，自律神經馬上就將它傳達到身體各部，同時在潛意識中表現出許多舉動來，而這些微妙的變化，就是我們進行觀察之時必須把握的重點。

說話的時候會用手指指著對方的人，心理是怎樣的呢？

前俄羅斯總統葉爾辛說話的時候，總是習慣用手指指著對方，這樣的動作表示想要對對方的情況進行壓制，因此手指著對方說話。很多人都有這種習慣，從行為心理學來說，這是對對方發出的「恐嚇信號」，意思是「你要服從我」。

當然，下屬對上司是不會做出這樣的動作的，這種舉動只會出現在對方的地位和自己同等或者地位比自己低下的場合。

但是，為什麼用食指指著對方說話，是表示「你要服從我」的意思呢？

這是因為對對方伸出食指，是想給對方留下自己好像是拿著

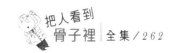

刀子威脅對方的印象，讓對方感到自己像被武器脅迫一般。當然，被動的一方會感覺到壓迫感，並沒有愉快的感覺。

這樣說話的人通常沒有考慮到對方的感受，只是想強硬地讓對方執行自己的指示，或者說是對自己的言行充滿了自信。但不管是出於何種原因，如果被對方用食指指著，聽話人一定不會覺得心裡好受。

至於幹勁十足地摩拳擦掌的人，又是怎樣的心理呢？

幹勁十足地不斷摩拳擦掌，表示一個人很有自信，馬上就想要投入自己想做的事情當中。

興奮的舉動，在一般的場合下都是透過手來表達的。揮著拳頭，或者不斷用手指相互摩擦，這些動作無意識當中都表達了自己在做準備動作的意思，也可以說是「意圖運動」。

這樣的動作很像馬要起跑之前，會用前腳不斷掘土。例如，參加會議之前，認為「這個計劃今天一定要通過」的時候，就會在會議開始之前的談話當中，無意識地做出摩拳擦掌的動作。

只要通過這樣的動作，就會讓別人感覺「今天好像很有信心」，雖然表面裝做要緩解一下壓力而和大家聊天，把話說得客客氣氣，但是在心裡卻決定，在會議上如果碰到反對意見的話絕對不會讓步，但這樣言不由衷的心理卻會通過手指表現出來。

閉著眼睛是為了適應環境

人不管在什麼樣的環境中，都會用自己的意志來改變自己適應環境，而其中一種下意識地要去適應環境的動作就是閉起眼睛。

　　一部成功的電影除了演員的演技必須精湛之外，「眼技」也相當重要，許多扣人心絃的影片中，演員眼睛轉動的迅速與犀利的目光，常常令人激賞。

　　在日常生活中，巧妙地使用眼神，也具有相當的交流作用，各種不同種類的眼神，都分別意味著傳遞某一種感情或消息。眼睛轉動的方向有異，帶給人們的感覺也就不同。

　　例如，視線流動不定的人，意味內心世界起伏不定或者正在說謊。

　　視線可以相當明確地表示出我們的自我意識，譬如當我們睜開眼睛看一會然後又閉上，這種姿態就含有保護警戒的意味。

　　在擁擠的公車或捷運車廂裡面，有人根本就不想睡覺但還是閉起眼睛，這樣的人心理是怎樣的呢？

　　在擁擠的電車裡面，根本就沒有睡覺的意思卻還是閉著眼睛，或者是埋頭讀書，這樣的行為也和「個人空間」有很大的關係。不管是哪一個動作，都是覺得既然沒有辦法為自己製造出一個個

人空間，那麼就只好儘量想辦法消除自己被封閉在狹小擁擠空間裡所造成的不愉快心情。

　　貓受到驚嚇的時候會想躲到黑暗的地方，即使僅僅只有腦袋縮到暗處也好。或許，從人類的角度來看，貓僅僅把腦袋藏起來而把身體留在外面，看起來就像笨蛋一樣，但是對貓咪來說，處於沒有東西可以隱藏的環境中，至少也要讓自己看不到對方，並以此獲取安心的感覺。

　　人不管在什麼樣的環境中，都會用自己的意志來改變自己適應環境，而其中一種下意識地要去適應環境的動作就是閉起眼睛，因為閉上眼睛，就可以不去看周圍那些不認識的人。

　　而在閉著眼睛的時候，有的人也有可能閉著閉著就睡著了，但不是所有人最初都是想睡覺才把眼睛閉起來的。

　　在車上看書或是看報紙也是同樣的行為，有的人在上下班的巔峰時間在車上專心看書、讀報，是因為如果想不去理會製造壓力的閉塞空間，那麼就只好把自己的注意力集中在書本當中。

　　因此，在上下班的巔峰時間，讀一些比較艱深的專業書籍可能會更適合，這樣一來，早上的巔峰時間也有可能會變成學習的時間。

腳尖比嘴巴更不會說謊話

 想要避開對方時，腳尖會朝著旁邊，特別是和對方並排而坐時，這樣的傾向會更加明顯，因為這是一種無意識的「拒絕信號」。

　　新一代的肢體語言研究專家認為，觀察腳尖比起嘴巴更容易看出一個人的內心世界，也更容易判讀一個人是否在說謊！

　　在交際應酬的場合，即使對方微笑著對你說「認識你實在是一件讓人非常高興的事情」，你也不要過於輕信，因為人總是能夠輕易地說出違心之論，睜著眼睛說瞎話也不足為奇。

　　如果對方是一個你覺得很可疑的人，那麼你在聽對方說話的時候，最好像肢體語言研究專家所強調的，先觀察一下對方的腳尖。如果對方的腳尖是工工整整地向著你的話，這就代表對方說的是真話；而如果腳尖是橫著放的話，那麼很可能對方說的話只不過礙於場面隨便說說，和他心裡想的不一樣。

　　當我們想要避開對方時，首先腳尖會朝著旁邊，特別是和對方並排而坐時，這樣的傾向會表現得更加明顯，因為這是一種無意識的「拒絕信號」。

　　這種觀察方法，不僅在交際場合適用，也可以運用在男女交

往。

　　你的戀人到底對你有什麼樣的看法呢？如果你一直都無法確認的話，或許可以透過腳尖來確認，觀察一下當你們一起並排坐在公園的長凳上時，她的腳尖是朝向哪個方向的。

　　女性不想要傷害對方的時候，反而不會說實話，而會更平靜地說出心裡面根本就不存在的想法。即使她說出好聽的話語，但腳尖沒有朝向前方的話，那麼你最好不要相信她嘴裡說出的正是她心裡面所想的。因為，腳尖比起人的嘴巴更能表現出一個人的內心世界。

透視男人的「戀母情結」

很多人有經常用手指頭觸摸嘴唇的習慣，這種
動作也和吸吮手指具有同樣的意義，這是一種
戀母情結的象徵。

咬著指甲的人，他們的心理是怎樣的呢？

不知不覺地咬手指甲是一個不好的習慣。不管是男性還是女性，有咬手指甲的習慣就是留戀嬰孩時代的證據，心理學家說，這是把嬰孩時代吮吸手指的動作用咬手指甲來代替。

正因為吸吮手指是吸吮母親乳房的代替方式，因此在別人面前吸吮手指頭，就表示想要吸吮母親的乳房，這種不雅的行為彷彿在向外界宣告：我還不是一個成熟的大人。

當然，在現實生活當中，幾乎沒有人會旁若無人在別人面前咬手指甲，不過，卻有很多人有經常用手指頭觸摸嘴唇的習慣，這種動作也和吸吮手指具有同樣的意義。

透過用手指觸摸嘴唇這樣的動作，來獲得被母親抱在懷裡的安全感，這是一種所謂的「親密行動」。

也許，有人會這樣說：「有這種戀母情結的人，畢竟只是少數而已。」

　　不過，心理學家指出一個很有趣的現象，那就是不管如何偽裝，有「戀母情結」的人還是會無意間表現出來。例如，他們會特別喜歡那種霜淇淋已經融化了一半的飲料。

　　用稍微粗一點的吸管吸一般液態飲料的時候，不會有很懷念的感覺，也不會沈浸在幼時的回憶裡面，不過，據說用吸管吸那種霜淇淋已融化一半的飲料，與吮吸母親的乳房是同樣的吮吸方式的。

　　至於用雙手抱著膝蓋坐著，代表的心理狀態也大致相同。

　　如果一個女性用雙手抱著膝蓋坐著，那就代表她是想用她的全身來向外界傳達她內心的寂寞。有這種坐姿的女性既不是想睡覺，也不是覺得寒冷，而是覺得寂寞，這樣的坐姿是女性特有的典型「自己親密行為」。

　　但是，如果一個成年的男人也出現這種行為，那就代表著他的內心有某種程度的「戀母情結」。

　　很小的孩子在表示自己寂寞的時候，也會採取這樣的姿勢。我們常常見到這樣的場景：回到家的孩子發現家裡沒有人在，而自己也沒有帶鑰匙，於是只好坐在門口，這時候他們一般就會採取這樣的坐姿。

　　用雙手抱著膝蓋的坐姿，代表當人們覺得寂寞的時候，幼兒時期的天性就會無意識地表露出來。

時常低頭，會被認為是豬頭

打招呼的時候低下頭是一種表示謙虛的行為，但如果一個人一直對著別人低頭，會被大家譏笑為「卑微藐小的人」的。

　　有的人比較缺乏肢體語言，但是在很多場合我們為了明白對方是不是在說謊，卻拚命想從對方不經意流露出來的肢體語言來猜測對方的心思。

　　不過，要從對方不經意的動作中讀懂對方的心思需要多加注意，仔細感受對方動作所發出的信號，並注意當中的含義。

　　我們經常因為感受不到對方發出的信號，而更努力的想要弄懂對方的心思，因此常一不小心注意過頭，如此一來，反而會讓對方感到過大的壓力，最終造成雙方不必要的誤會。在打招呼的時候，有的人會低下頭，這是表示了什麼樣的心理呢？打招呼就打招呼，為什麼要低頭呢？

　　這是因為縮著身子會讓自己看起來比對方矮小，這是在向對方表示「我只是一個微不足道的人而已」的意思，是一種「服從行為」。另外，低頭也是表示毫無防備的姿勢，和投降的時候會高高舉起雙手一樣，都是表示自己並沒有惡意，表示對對方服從的心理。

　　行為心理學家認為，低頭和鞠躬是處於劣勢的人，希望引起處於優勢的人注意，而產生的一種表示「服從」的動作。

　　有的人會認為，打招呼的時候低下頭是表示謙虛的行為，但如果一個人一直對著別人低頭、鞠躬的話，會被大家譏笑為「卑微藐小的人」的。

　　此外，在職場上，遇到層級比自己高的上司就忙不迭地彎腰，也會被認為是個逢迎拍馬、別有居心的人。

把人看到骨子裡全集

作　　者　王　照
社　　長　陳維都
藝術總監　黃聖文
編輯總監　王　凌
出 版 者　普天出版社
　　　　　新北市汐止區康寧街 169 巷 25 號 6 樓
　　　　　TEL / (02) 26921935 (代表號)
　　　　　FAX / (02) 26959332
　　　　　E-mail：popular.press@msa.hinet.net
　　　　　http://www.popu.com.tw/
　　　　　郵政劃撥 19091443 陳維都帳戶
總 經 銷　旭昇圖書有限公司
　　　　　新北市中和區中山路二段 352 號 2F
　　　　　TEL / (02) 22451480 (代表號)
　　　　　FAX / (02) 22451479
　　　　　E-mail：s1686688@ms31.hinet.net
法律顧問　西華律師事務所‧黃憲男律師
電腦排版　巨新電腦排版有限公司
印製裝訂　久裕印刷事業有限公司
出 版 日　2019 (民 108) 年 9 月第 2 版
I S B N◉978-986-389-662-3　　條碼 9789863896623
Copyright◎2019
Printed in Taiwan ,2019 All Rights Reserved

國家圖書館出版品預行編目資料

把人看到骨子裡全集／
王照編著.—第 2 版.—：新北市,普天
民 108.09 面；公分.-（生活講義；160）
ISBN◉978-986-389-662-3（平裝）
CIP◉177.2

普天